读客经管文库

长期投资自己，就看读客经管。

7-Eleven便利店创始人自述
零售的哲学

［日］铃木敏文 著（7-Eleven创始人）

顾晓琳 译

江苏凤凰文艺出版社
JIANGSU PHOENIX LITERATURE AND
ART PUBLISHING, LTD

目 录

序

日复一日地重复着公司职员的日常生活，一定会在不知不觉中养成一些工作上的"习惯"。自从工作以来，有的人总是习惯第一个抵达公司，有的人则习惯在上下班的电车途中大致浏览当天的报纸新闻……

对我而言，这一习惯就是"读懂世间的变化"。虽然并不是刻意为之，但自从踏入了陌生的零售行业，为捕捉顾客需求的变化而在内心时刻警惕时，我就养成了这一习惯。大学毕业后，供职于东京出版贩卖公司（即现在的东贩）期间所积累的经验也为我日后的工作打下了坚固的基石。例如为了扩大读者群体，革新宣传志的经验，被安排到出版科学研究所这一调研机构努力学习统计学和心理学的经历等等。

不过，仅仅会捕捉变化对事业并无太大助益。

举例而言，2013年1月7日，各行各业的高层领导出席了每年例行举办的日本三大经济集团新春联欢会。在被媒体问及今年的经济前景时，大多数人表现出了乐观的态度，只有我提出了需要慎重对待市场的不同意见。因为在那段时期，股票刚转入新一轮的牛市，日元汇率也有持续走低的倾向，大家都将这些行情视为"经济好转"的信号。虽然我并不否认这些信号对市场而言是好消息，不过就目前的日本来看，消费市场已趋于饱和，国民的消费意愿普遍低下，很难受形势影响爆发消费热潮——总之，如果企业无所作为，仅因对经济持乐观态度而当起甩手掌柜，那么国民也无法切身感受到当前正处于良好的经济环境。

因此，关键点在于从变化预测未来，环环相扣地思索应对变化的方法，如此循环往复才会萌发新的商机。

纵观目前的社会现象，任何行业都会面临日益严重的"少子化""老龄化"问题。虽然日本的家庭总户数还在上升，但每个家庭的平均人数却在减少。此外，随着双职工家庭的增加，日本的家庭构成和人口动态也出现了诸多变化。所以，我们可以以此作为依据预估未来日本人的消费行为。如果家庭人数不断减少，每天就不必购入大量物资，随之将打破长久以来的固定消费模式。此外，如果老年人和全职工作的女性增多，"不愿特意去距离远的地方购买生活必需品""想要就近购物"的需求也会大幅上升……而这些推测对事业和经营方向的判断都具有很大帮助。

从变化中读懂"未来",建立"假设"然后"执行",再对结果进行"验证"。这一过程有助于优化工作模式——如果在平日的工作中坚持重复"假设-执行-验证"的过程,那么在不远的未来必将有所斩获。

7-Eleven正是最好的例证。恰好是距今40年前的1973年,在和美国南方公司(即现在的7-Eleven,Inc.)签订特许加盟协议后,日本第一家真正意义上的便利店于翌年5月15日正式诞生了。此后,7-Eleven逐渐成长为零售行业中首个营业额超过3万亿日元的连锁店(2012年1月)。7-Eleven的经营方针自创业以来一直遵循"灵活应对变化,贯彻基本原则"。40年间,作为企业支柱的方针从未有过动摇。每当有机会的时候,我还会不遗余力地向公司全体员工反复阐明这一方针的重要性。7-Eleven之所以经常被同行称为业界的先驱者,其核心因素在于我们从不放过任何细微的变化并能够予以恰当的应对,不论企业组织或是职员自身都能灵活地随变化而做出改变。作为顾客的生活据点,持续"创造便利"的7-Eleven可谓是一个"专门应对变化的行业"。

在本书中,我将详述自己一路体会到的工作应对法。如果变化能让人受到新的启迪,那么这一变化即是潜在的机会。

举例而言,从美国引进7-Eleven这一连锁便利店,将关东煮和饭团定位于日式快餐在店中售卖，成立战后的第一家新银行……正是因为捕捉到了这些无形中的机会，一个个扫清了眼前的阻碍，我们才能在各个领域脱颖而出、挑战成功。实现机遇并不需要特殊的才能，关键在于问题意识和思维力。其中，问题意识指能经常主动研究现行的工作模式是不是处于最优的状态。而思维力代表了深层次挖掘事物本质的能力。

经济呈现良好兆头的日本社会，今后也将迎来各种各样的变化。能否比他人早一步地注意到变化，并找出有效应对的方法，是事业成功与否的分水岭。总而言之，如果没有应对变化的能力，终将被时代无情地淘汰。

最后，如果这本书能让读者们重新审视自己的工作方法，成为向新挑战迈出第一步的契机，将是我莫大的荣幸。

7&I控股集团CEO 铃木敏文

2013年4月

第一章

一切从"打破常识"开始

人们总是习惯性地以为市场上的竞争对手越少越对自己有利，但是，一旦没有了竞争对手，事业往往会止步不前。以零售行业为例，如果一家店铺的周围没有任何同业竞争者，那么顾客可能只是由于受到交通上的限制，无奈地进店消费，久而久之，店铺经营者将变得得过且过，产生麻痹懈怠的情绪，失去对产品和服务进行变革创新的动力。

我的工作"原点"

事实上,我过去对商品流通业并没有什么兴趣。流通行业的工作内容是出售商品、购入商品,需要缜密的心思。所以我曾认为这项工作并不适合自己。

然而如今,我却身为7&I控股集团(Seven & I Holdings)——这一在国内外总营业额超过9万亿日元的流通集团的经营负责者,掌控企业前进的方向。在感叹人生际遇是多么不可思议的同时,我认为这也与自己从踏入社会开始累积至今的各种工作经验密不可分。我做任何事都不会半途而废,总是坚持以这样的性格全身心地投入,竭尽全力地度过每一天。即使是被外界定论为"不可能"的事,我也能不畏艰难、勇敢地发起挑战——我的职业生涯反复上演着这一过程,而这些经历也成就了我的今天。

我每天努力工作的体验正是我工作的"原点"。在本章,我将就这一原点展开叙述。

奇妙的际遇

1956年4月，在我大学毕业后不久，就进入了东京出版贩卖公司（即现在的东贩）供职。

最开始，我专心从事于需要熟记出版社名录以及各种图书、杂志特点的见习工作，例如担任"退货负责人"——将从书店退回的书籍逐一进行分类，并返送至出版社；或是作为"驻店售货员"，直接与来公司购书的附近的书店人员打交道。

进入公司半年之后，我被调往出版科学研究所，在研究所的工作经验对我日后身为经营者的视角起到了至关重要的作用。

出版科学研究所是东贩为了谋求出版业界的现代化而成立的调查机构。当时的出版业几乎没有统计的概念，因此研究所的任务主要是收集并分析各类出版物的出版数量、读者的类型、读者对出版物的需求特点等数据。总之，是一项全部都要从零开始的工作。

在这一过程中，我逐渐掌握了有助于经营的两个基础的学科知识——统计学和心理学。

当时，我每天白天要采访读者，并对采访结果进行统计和总结；晚上，公司会聘请大学老师为我们讲授统计学和心理学的课程。要想提高数据的准确性，统计学是必不可少的。另一方面，要想保证采访的客观性，避免提出具有主观诱导倾向的问题，心理学的知识也不可或缺。因此，为了能够在工作中熟练运用统计学和心理学，我不分昼夜地拼命吸收这两门学科的知识。

在学习与实践的过程中，我锤炼出一双不会盲目轻信数据的眼睛，能在第一时间捕捉数据出现的细微变化，并深层次地思考变化的原因。我想，正是因为懂得了理解他人心理的重要性，我才会在多个公开场合反复强调——"面对现代消费型社会，不能仅仅借助经济学来分析，也必须运用心理学的相关知识"。

对我而言，出版科学研究所就像是一所隐形的研究生院。

之后，我又被派到宣传部，担任半月刊《新刊新闻》的编辑工作。杂志的编辑方针以新书目录为中心，主要工作是编辑各种介绍最新出版图书的文章，在我赴任之前的发行量只有5000册。

因为杂志主要面向有大量购书需求的爱书之人，公司认为不需要在宣传上花费过多的费用，甚至对提高发行量不抱任何期望。于是我向上司提议，是否可以对杂志采用收费发行的方式，如果把它改编成一本充满趣味性的"读物"，那么以爱书人为主的读者一定会有兴趣购买。同时考虑到每次花费心血向杂志投稿新书介绍文的作家们，我认为也有提高发行量的必要。

当时，我的顶头上司并不想改变持续已久的既定做法。但是，**只要不轻言放弃就会出现支持自己的人**。隔壁企划部主任对我的想法很感兴趣，并代为转达给了当时的社长，让我获得了在董事会上介绍方案的机会。最后，《新·新刊新闻》得以问世，其中还加入了采访著名作家及女演员等崭新的企划。

作为方案的提出者，我一个人承担了包括策划、编辑、采访、撰稿、印制在内的多项职责。每天都过得非常充实。三十岁在即，我开始思考是否能够不依靠公司的名号，以自身的力量发起新的挑战。因为在工作中结识了众多活跃于各个领域的独立作家和名人以后，我经常感受到自己的卑微和渺小。

那时，我曾和评论家大宅壮一的学生们谈起过制作电视节目的计划，打算合伙开拓一个独立项目。为此寻找赞助商时，我想起了伊藤洋华堂。实际上，我在一年前曾和一个朋友谈过跳槽的想法，这位朋友所在的公司是伊藤洋华堂的客户，正巧那时伊藤洋华堂也在招人，朋友就向我推荐了。因此，我对这家公司留有印象。于是我通过朋友联系了总部的人，并前去商议赞助问题。

这就是我走到今天这一步的契机，现在想来真是奇妙的际遇。

虽然起初我并不准备加入伊藤洋华堂，但在提到独立项目的时候，总部的人说："就在我们这里完成这一项目怎么样？"想到可以一边为公司编辑刊物，一边推进项目，我立刻充满了干劲，欣然前往。然而，在我一进入公司后，项目的事情变成了"将来再说"，与当初谈好的条件截然不同。原来，那时公司正处于大型商场的发展期，他们只是想设法招人罢了。而我的流通业人生就在普通职员常挂在嘴边的"本应该不是这样的"状况下展开了。这次跳槽遭到了家人的反对和东贩同事的挽留，但是既然已经做了决定，就算心里多么不甘愿也无法回头。

无论发生什么都要认真对待，这就是工作的真谛。我坚信人生没有无法完成的事，如果一直踏踏实实地做好本职工作，眼前的道路必定会打开。就这样，我立刻调整好了心态，向流通行业迈出了自己的第一步。

作为管理部门的统筹者

1963年我刚刚进入经营新兴综合超市的伊藤洋华堂时，公司尚处于发展阶段，店面总数共计只有5个，从业人员大约在500名左右。而到了20世纪70年代，公司迎来了急速的成长期，仅一年雇佣的应届生就超过了1000人。在公司发展期间，我兼任了推广、宣传、人事、财务经理等几乎所有管理职务。处于成长期的企业，极度渴求具备统筹管理能力的人才。受益于凡事注重逻辑的性格和过去担任东贩工会总书记的经验，让我得以胜任这样一个职位。也许有人会认为，既要从事推广业务，又得兼顾人事工作，一定非常疲惫，然而我却并不感到苦闷。实际上，如果有空余的时间，我还会主动揽下本职以外的工作，在长时间地保持紧张感、集中精神随时准备迎接挑战的状态下，反而能更顺畅地开展工作。

其实我当时并不具备任何销售或采购的相关经验。也许正因如此，我才不会被流通行业的常识和商业习惯所禁锢，才得以连续不断地在业务上提出新的改革方案。

同样，我之所以能在日后建立日本第一家真正意义上的便利店——7-Eleven，也是因为没有受制于行业常识的缘故。在下文中我将会详细介绍这一创业历程。

轻松的背后是停滞不前

20世纪60年代后期，大型超市迎来了繁荣期。在经历了经济的高速成长后，消费者的消费需求迅速高涨，卖方市场的时代正式来临。这期间伊藤洋华堂趁势加快了开设新门店的速度。然而，这一举动却遭到了当地商店街的强烈反对。1971年9月，38岁的我时任公司董事，以高层管理者的身份参与了两方的谈判会议。虽然我方反复强调"我们能够实现大型商店和中小零售店的共存共荣"，可对方却不予理睬，反驳说"这是痴人说梦"或者"不过是强势方的片面之词"等等。对于这一现象，我由衷地感到不解。虽然人们普遍信奉"大者为佳"，然而我所理解的**经营在于方式方法，核心因素是产品的品质和服务的内容，与店铺规模的大小并无直接联系**。如果能真正实现大型超市和小型商店的共存共荣，理应是一个绝佳的平衡状态。

或许正因为我是个毫无零售经验的门外汉，思维才能跳出当时固有的商业框架，迸发出许多新奇的想法。直白地说，我注意到中小零售店经营不善的缘由并不在于大型超市的崛起，而是经营方式已经落后于时代，被顾客所淘汰。

任何行业都是如此。人们总是习惯性地以为市场上的竞争对手越少越对自己有利，但是，一旦没有了竞争对手，事业往往会止步不前。以零售行业为例，如果一家店铺的周围没有任何同业竞争者，那么顾客可能只是由于受到交通上的限制，无奈地进店消费，久而久之，店铺经营者将变得得过且过，产生麻痹懈怠的情绪，失去对产品和服务进行变革创新的动力。

另一方面，当事业发展受阻时，怨天尤人是最轻松便捷的方法，但是轻松的背后即是停滞不前。只有正视自身的弱点，努力做出改善，并不断地向新目标发起挑战，才能脚踏实地地前进，得到稳步的成长。

目睹谈判双方当时的焦灼状态，我心想，难道就没有让大型卖场和中小型零售店共生共存的双赢方法吗？

邂逅顶级企业

而正是那段时期，我无意间在美国与一家以数字"7"和英文字母"Eleven"构成Logo的小店铺邂逅了。当时，伊藤洋华堂为了向零售业的发达国家——美国看齐，在公司内部组织了海外研修活动，每年都会分批派遣60到70人前往美国展开10天左右的研修学习，而我作为负责人也会随队同行。

某天，我们一行人在前往加利福尼亚的途中，进入了沿路的一家小店休息。而这就是我和7-Eleven的初次相遇。那间小店好比一个小型超市，既有热狗、咖啡等食品，也有香皂、毛巾等一系列的生活杂货，似乎应有尽有，什么都能买到。"没想到美国居然还有那么小的店啊"——与7-Eleven的初次相遇，只给我留下了这样一个印象。

然而在回国查阅相关资料后，我却着实吃了一惊，原来当时踏入的小店名为便利店，是美国南方公司在北美拥有

4000多家连锁店的顶级优秀企业。由此我猜想这个名为"便利店"的门店一定拥有某些独特的核心技术，如果将7-Eleven便利店引进日本，说不定就能解决众多小型店面临的严峻问题，实现大型卖场和中小型零售店共存共荣的平衡模式。

当然，想实现这一点的前提是必须和美国南方公司签订特许加盟协议。

来自公司内部的强烈反对

但是，加盟便利店的提议却遭到了公司内部的强烈反对。大家认为，自从超市出现在消费者的生活里之后，多数商店街上的小店铺都变得门可罗雀，营业额大幅跳水。现在再逆势而行建立小型店，根本是违背商业逻辑的行为。甚至连公司外部的业界人士和学者们也纷纷表明了坚决否定的态度。其中，一位董事会成员还以我没有销售经验为由头，讽刺我是"做白日梦的门外汉"。

但也正是我的没经验，能让我站在不同角度分析造成商店街衰败的因素。

第一个原因是小型商店的生产效率较为低下。当时的政府行政机关指导店铺"缩短营业时间"以及"周日停业"，虽然其目的旨在提高效率、确保从业人员的权益，但实际却与顾客的需求背道而驰。如此一来，反而起到了负面效果，进一步降低了小型商店的生产效率。

另一个原因则是市场的变化。从前刚开始营业就立即销售一空的明星产品，随着时间的流逝却逐渐变成了无人问津的滞销品。现在的消费者不再仅仅关注价格的高低，"价廉＝畅销"的时代已经远去。

今后中小型零售店不能从正面与大型卖场硬碰硬地竞争，而应找到不同的定位，并以此作为获取收益的利器。

我向四周的反对者解释道："中小型店不能和大型商店采用相同的经营方法，而应该挖掘出差异化的经营特点，例如从根本上提高生产效率等，这样才有机会与大型商店并驾齐驱，实现共存的目标。"终于，这番言论说服了大家，没有人再提出反驳的意见。

艰难而漫长的谈判之路

行至这一步，最困难的时刻才刚刚到来。在获取公司同意后，我于1973年4月得到了直接向美国南方公司的管理层阐述合作计划的机会。

为拿到这次谈判机会，我们做足了功课，几乎花费了一年的时间。1972年5月，伊藤洋华堂的业务研发负责人曾拜访过南方公司，不曾想竟吃了闭门羹。最后还是经由伊藤忠商事有限公司里的一位建设部门计划统筹组主任的介绍，才好不容易得到了这个珍贵的机会。

对方的经营高层本身对日本有一定了解，同时也对日本市场表现出了极大的兴趣。在听了我方的阐述后，美国南方公司派出访日考察团，调研了日本零售业的现状并实地考察了伊藤洋华堂的多个店面，以此了解店铺的开发能力和市场情况。考察团回国后，提出了涉及百余个项目的问题。为此，我们通宵达旦，迅速而详尽地解答了对方的所有困惑。到了6月，双方终于开始步入正式的合作谈判环节。然而，对方在谈判中态度强硬，开出了许多令我们难以接受的条件。

美国南方公司提出，首先我方主导便利店事业的公司必须与南方公司合并。其次，店铺的开设位置只能限定在东日本区域，并且8年内要达成2000家连锁店的开发指标。最后，特许权使用费必须占总销售额的1%。

事实上，如果我方硬吞下所有条件的话，即使对方是全世界最大的便利店连锁经营机构，这项事业也根本没有成功的可能。

"别开玩笑了，这样的条件没法谈判！"

最终谈判会议上，我在位于得克萨斯州达拉斯的南方公司总部，当着社长和所有股东的面，用力一拍案，对全部条件说了"NO"。而对方也神色严峻，看似对我的回答非常不满意。

谈判陷入了激烈的争论，但在我方的不懈努力下，对方勉强批准伊藤洋华堂可以以独立子公司的形式运营便利店，开设店面的地理位置放宽至全日本，指标也从原先的8年2000家降为1200家连锁店。但是，就特许权使用费这一问题，双方直到最后仍然僵持不下。南方公司坚持要收取占销售额1%的费用，而我方最多只愿给出0.5%。考虑到日美两地的市场环境和基础建设成本有一定的差距，我坚决不肯做出让步。

谈判就像两条平行线，总是不能达成一致。有时，双方先暂且分在不同的房间自行讨论，随后再返回交涉，接着谈判又一次破裂——就这样反复来回了好几次。最后我破釜沉舟，提出了自己内心的真实想法："我们立志在日本成就连锁便利店事业，却无法接受过于苛刻的条件。现在的最大矛盾是使用费的高低问题，如果贵公司同意降低费率，我们就能更顺利地扩大店铺规模，只要经营成功，连锁店不断增加，使用费总额自然会得到快速提升。"

结果，对方做出了巨大妥协，同意把费率降至0.6%。

在最终谈判中，我们并没有采取任何精妙的战术，而是站在对方的立场思考，提出不能总是执拗于眼前的"费率"问题，应从长远考虑的论点，而这也成为了获得对方理解的关键转折点。

与美国南方公司的签字仪式

日本首家便利店的诞生

11月30日正式签订合约后，我们远赴美国，参加南方公司培训中心的研修课程。但出人意料的是我却在那儿受到了严重打击，直在心中叫苦不迭。缔结特许经营协议后，我拿到了27本厚厚的经营手册。然而翻开一读，我的心顿时凉了半截——所有册子里密密麻麻地写满了针对店铺经营初学者的入门运营知识，只字未提关于营销或物流等方面的核心技术。我原本满心期待能够把手册里的内容直接运用于日本加盟店的实际操作，却没想到仅有会计系统的一些内容可以派上用场。

虽然我在培训的第三天已经发现了这一严重的问题，但却怎么也无法开口告诉随行的同事们，只好一个人闷闷不乐，独自苦恼。面对坎坷的前路，我再次下定决心无论如何都不能打退堂鼓。

11月20日，即签订协议的前十天，15名员工齐聚伊藤洋华堂，成立了专门经营便利店的新公司York Seven（后更名为7-Eleven Japan有限公司）。至于由谁来出任新公司的掌门人，当时的社长伊藤雅俊对我说："既然这是你力排众议，坚持要开展的事业，就由你来担任负责人吧。"经过一个晚上的思考，我接受了这一任命。新公司运转资金的一部分由员工们的存款和向银行借贷的个人投资构成。目的在于让整个公司成员对新事业抱有一致的责任感。

新公司成立后，第一个面临的问题是人员招聘。由于便利店事业曾饱受全公司内外的强烈反对，因此几乎没有职员愿意主动加入。同时，为了提倡创业精神，新公司所提供的薪资水平和就业条件也非常严苛，完全不能与母公司伊藤洋华堂相提并论。再者，我们对员工的调动实行了永久制，一旦申请调动将完全脱离原籍，归属于新公司。在这样的情况下，最后只有寥寥几人自愿加入，不足的名额只好在报纸上登载招聘信息招募，其中有曾在全纤同盟任职的员工、面包生产公司的销售，甚至还有航空自卫队队员……几乎都是毫无零售经验的门外汉。再加上美国南方公司的经营手册几乎发挥不了什么作用，一切基本要从零开始。对此，我已做好了准备，以创造"日本首家连锁便利店"为目标发起了挑战。

经过一番考量，我决定将第1号店直接设定为使用

7-Eleven招牌的独立经营加盟店。虽然有员工提出，如果最初的几家门店选择以直营的形式运营，显然更有助于我们积累实际操作经验，但是为了表明创建7-Eleven的目的在于"实现小型店和大型店的共存共荣"和"激活既有的小型零售店"，我始终坚持了加盟店的意见。

这时，一位家住东京江东区，名叫山本宪司的23岁青年从报纸上阅读到了关于7-Eleven的报道，写信告诉我们他有意向加盟，开设日本的第一家便利店。

这位山本宪司先生因为不久前不幸丧父，不得不中断大学学业继承父亲留下的酒坊。虽然经营酒类的店铺受到许可证制度的保护能够确保盈利，但另一方面由于酒类采用法定定价，未来的成长空间非常狭窄。山本本身作为家庭的顶梁柱，既要照顾新婚燕尔的妻子，又要养育年幼的弟妹，正在考虑是否应该继续经营酒坊。在他犹豫不决的时候，恰好从报纸上读到了有关7-Eleven这种新型店铺的新闻，便想要抓住机会，放手一搏。

他所继承的酒坊店面仅为美国便利店面积的三分之一，所处的地理位置也不属于人群密集的理想区域，但我却被他的责任感和果断向新事物发起挑战的热情所触动。因此，我接受了他的加盟申请，并对他做出保证："如果三年后经营失败，我们将负责把店面恢复原样，完璧归赵。"

就这样，1974年5月15日，日本首家真正意义上的便利店——"7-Eleven丰洲店"正式开业。在此之前的准备时间只有短短3个月，我们既完成了店铺的改装，又培训山本掌握了便利店运营的知识和技能，在共同度过了匆忙的90多天后，终于迎来了开张的日子。

记得当天天空乌云密布，似乎快要下雨的样子。或许是出于对新鲜事物的好奇心，首个营业日有许多人前来凑热闹。我至今仍然清晰地记得，7-Eleven的第一位消费者是名男性，他买了副标价800日元的墨镜。

第1号店"7-11丰洲店"

密集型选址战略

便利店正式开业后，亟待解决的问题层出不穷。在完善7-Eleven的过程中，我们不断打破固有的经营方法和常识，就此发起了一连串的挑战。

如之前所述，我之所以坚持把7-Eleven引入日本，是为了改变中小型零售店因为大型卖场的繁荣而陷入衰退期的现状，创造让两者共存共荣的新型商业模式。因此，我们采取了和传统私人商店截然不同的做法，以全力提高生产效率和产品价值为目标，建立了独一无二的经营结构。

其中之一就是减少采购量的"小额配送"。

1号店开业之初，最令人苦恼的问题是怎么也无法减少的大量库存。当时的订货惯例是从批发商处大批量进货，直到货源不够时再进行下一轮采购。这样很容易导致店铺的不良库存越积越多，有碍于营业额的进一步提升。而想要解决这一问题，当务之急就是在每次采购时减少进货量。但是，任何一家批发商都不愿改变固有的做法，甚至指责我们的提议违背常识。然而时代瞬息万变，世事也有各种不同的思考角度，常识并非永远都正确。面对顽固的批发商，我们这些门外汉不屈不挠，一家又一家，一次又一次地反复上门游说着。

而且，由于便利店采取年中无休的经营方式，为了在新年也能为顾客提供新鲜的食品，我们向供应商提出了正月发货的请求，但同样遭到了拒绝。过年期间，生产制造商都会放假，在他们眼里，这或是7-Eleven又一个"违背常识"的馊主意。然而，想要一年365天为顾客提供美味食品的理想是我们的原动力，面对挫折我们并没有放弃，而是持之以恒地拜访供应商阐述我们的愿景。终于功夫不负有心人，在创业两年后，山崎面包接受了我们的请求，包括那年的正月假期在内，7-Eleven每天都能在货柜上陈列新鲜的面包。此后，米饭和配菜的生产商也逐渐配合我们在正月假期里供货了。由此，山崎面包开启了正月生产的新历史，对零售行业具有划时代的意义。

在7-Eleven努力提升店铺生产效率的同时，我也制定了开店的选址战略。

1号店开业后，我开始贯彻密集型选址战略，严格要求店铺研发负责人在选址上必须和1号店一样，"绝不能踏出江东区一步"。这一做法包含了多方面的因素。

如果只想单纯地增加门店总数，极端的做法是分散开店，东京一家、神奈川县一家、琦玉县一家地在全国范围内部署加盟店。但是，为了提高小规模便利店的生产效率，不仅要在店面的布局上下功夫，提升顾客的消费兴趣，还必须提供合理有效的采购及物流制度，这样才能灵活地满足消费者的各种需求。出于上述考量，到处撒网并不可取，相比分散的"点"，连锁店更应以"面"的方式覆盖，在位置上毗邻现有的门店呈网状扩展。

密集型选址的开店优势有如下三点：

1.在一定区域内，提高"7-Eleven"的品牌效应，加深消费者对其的认知度。而认知度又与消费者的信任度挂钩，能促进消费的意愿。

2.当店铺集中在一定范围时，店与店之间的较短的距离能提升物流和配送的效率。不仅是送货的货车，负责向各加盟店传达总部方针并予以指导的店铺经营顾问在各店铺之间的移动时间也随之缩短，他们有更充裕的时间与店主探讨。关于这一点，在下一章将有详细说明。

3.广告和促销宣传更见成效。店铺如果集中在同一区域,不仅能有效节约物流、人工成本,投放一次促销活动的影响力和覆盖率也变得事半功倍。

综上,密集型选址的策略具有众多优点。比起"点多线长",一味追求覆盖全国的做法,便利店在一个目标区域内密集布点的战略更能让企业受益。

"有7-Eleven真好！""全年无休真方便！"

就这样，我们凭借独特的组织架构，一步一个脚印地稳步成长着。到了创业第二年，7-Eleven的总店铺数已经达到了100家。美国南方公司建立100家店铺花费了15年时间，与之相比我们只用了区区两年。在百店成立的纪念仪式上，我第一次在公开场合红了眼眶。7-Eleven创立之初完全是从零开始摸索，当时想着如果顺利开满5家，就能看到事业的曙光了吧，紧接着开了10家、50家……就这样一步一步地走到了今天，目睹7-Eleven总算进入了正轨，我对未来的发展越发充满信心。不过即使取得了好的战绩，也不可以完全放下心来，还有许多必须解决的问题。

总门店数破百后，"有7-Eleven真好""全年无休真方便"的广告词大获好评，另外，顾客把当时还有些拗口的"便利店"改称为"深夜超市"，这一风潮也成为了社会的热门话题。有意加盟的私人商店越来越多，其中有许多和山本同为经营酒坊的私人店主，还专程去他店里咨询情况。在日均营业额上，7-Eleven比个体店表现出更良好的成长趋势，因此吸引了众多想要仿效山本店长的私人店主。但是在我看来，驱使店主们经营店铺的最大原动力，正如宣传语所说的那样，来自于"有7-Eleven真好"这一顾客发自肺腑的心声。

成立百家门店的纪念典礼

物流体制改革：推进商品的共同配送

和密集型选址战略相同，"共同配送"的物流结构也对连锁便利店的成长起到了不容小觑的作用。

共同配送颠覆了过去以大批量进货为主的业界惯例，与缩减采购单位的"小额配送"同为7-Eleven全力推行的物流改革。

简而言之，共同配送是指生产厂家、供应商和7-Eleven总部三方通过互相合作，集中原本相对分散的配送路径，从而形成的合理化物流体系。

创业之初，由于生产厂商和一系列的批发商各自为营，每天来1号店送货的货车高达70辆。

牛奶就是一个经典的例子。当时的牛奶有全农、森永、明治等品牌，虽然对消费者而言都属于同类产品，但却必须由不同公司分别发送货品。我发现这种配送方式非常没有效率，因此建议把同一地区同类厂家的产品混装在一起实行共同配送。

然而，零售业门外汉的想法再次遭到了强烈反对。

厂家出于对品牌的自尊心，不愿运送其他竞争对手的产品，并斥责我们的做法不懂得其为建立品牌所付出的心血。这种说辞表明他们依然停留在卖方市场时代的思维模式，以为只要把产品放上货架，自然不愁销路。

但我并没有放弃，为了让他们了解市场的真实情况，我做了一个实验。以前，供应商来店里送货时，都会把冰柜里其他竞争对手的产品挪到后面，单独把自家品牌陈列在最显眼的位置，只想让顾客看到自己的产品。

为此，我改变了陈列方式，将各个品牌的产品排成一排，让顾客面对丰富的选项，自主选择。结果这一方式吸引了更多顾客购买，所有产品的销售额都得到了显著提高。这一实验有力证明了卖方市场的做法已经过时，这个时代已经进入了买方市场。

最终，各厂商接受了混合送货的提议。1980年，日本流通史上首次实现了牛奶的共同配送。

此后，7-Eleven的共同配送体系又获得了飞跃式的成长，主要对产品进行了细分。我们在各个区域设立了共同配送中心，根据产品的不同特性，分成冷冻型（零下20摄氏度），如冰淇淋；微冷型（5摄氏度），如牛奶、生菜等；恒温型，如罐头、饮料等；暖温型（20摄氏度），如面包、饭食等四个温度段进行集约化管理。而这一方式也沿用至今。

"根据温度管理"的想法来自7-Eleven注重食品鲜度、崇尚产品品质的经营理念。现在，每家店铺的送货车辆从原先的日均70辆减少至9辆。

2013年，日本便利店行业在日本国内的总店铺数突破了5万家，而7-Eleven当初克服种种困难创建出的独特经营结构，也成为了这一庞大行业的基本商业模式。未来，这一模式将会登上更广阔的世界舞台。

从下一章开始，我将结合7-Eleven的运营情况，介绍一些我对经营的拙见。

第二章

不要受历史经验的牵制

凡事若只注重眼前，就无法做出准确的判断。只有在获得信息后，进一步研究对未来可能造成的影响，才能及时应对消费者日新月异的需求，让企业保持稳步的成长。反之，一旦跟不上时代的节奏，企业的产品和服务与客户需求之间的差距将被越拉越大，即使事后亡羊补牢也很难迅速让经营返回正轨。

7-Eleven的日均营业额
为什么能领先其他连锁便利店？

"7-Eleven的日均营业额为什么能遥遥领先于其他连锁便利店？"每当我接受媒体采访时，被问及次数最多的就是这个问题了。明明各个便利店品牌的店铺位置和规模程度都大同小异，为何还会在营业额上出现明显的差别呢？大家似乎对此抱有强烈的好奇心。

如果要分析7-Eleven独占鳌头的原因，可以用以下三点概括：

1.始终贯彻密集型选址战略；

2.具备产品研发与供应的基础体系；

3.注重与员工的直接沟通。

密集型选址战略和产品研发与供应的基础体系已经在第一章有所涉及。另外，关于产品研发的内容我也会在第四章作详细解说。

本章的重点内容是第三点：与员工的直接沟通。

我们要盯住"客户"而不是竞争对手

在我们眼中，**真正的竞争对手并不是其他品牌的便利店，而是不断变化的"客户需求"**。

另外，如果负责制定公司经营路线的管理高层具备坚定信念，就会给公司员工的工作热情带来正面的影响。

特许经营的商业模式，需要加盟店和总部相辅相成，缺一不可。在加盟店独立运营的同时，总部也必须做好后援工作，确保每家门店成功取得盈利。事业开拓的过程中，比起运用出奇制胜的招式，更应优先以稳固企业的基础为重。

因此，我从创业之初就非常重视与员工的直接沟通。

管理层的经营思路不仅应及时与总部员工分享，也要保证每个加盟店的店长与店员都能快速而正确地理解，这样企业整体才能稳步向目标迈进。

各种会议的存在理由

目前，7-Eleven内存在各种各样具有不同导向性的会议。比如面向所有管理层的"经理会议"、针对店铺经营顾问的"区域顾问会议"等等。

其中，在东京·四谷的7-Eleven总部召开的"区域顾问会议"有别于其他类型，当天会有约2300名负责指导加盟店经营的顾问齐聚一堂。会议目的是直接向店铺经营顾问全员传达总部的经营方针，引导他们更好地成为总部与加盟店之间的沟通桥梁。每次召开区域顾问会议时，我都会出席并发表自己对经营的想法。

行业中，通常会把指导连锁加盟店经营的负责人统称为督导，而并非店铺经营顾问。虽然常有人把两者等同，认为两者同样都由一人负责多个门店，主要工作是和各个加盟店分享总部的信息并支持门店运营。但我却认为店铺经营顾问与督导存在本质上的差别，并且也不在7-Eleven设立督导这一职位。

连锁便利店的督导起源于美国，职能是监察各加盟店是否遵循总部的规则运作。然而我们店铺经营顾问的核心职能则是帮助加盟店提升业绩，是加盟店的重要经营顾问。作为7-Eleven的独特职位，店铺经营顾问是便利店事业发展道路的重要支柱。

如果协助加盟店经营的第一线人员对公司的理念理解得不够透彻，就不能向各个店长准确地传递总部的方针。因此，我坚持定期召集店铺经营顾问全员，在东京总部举行面对面的交流例会。

过去的店铺经营顾问会议每周召开一次，但随着门店数的扩大，我们增加了对加盟店的走访沟通时间，于是相应把会议的频率减少为每两周一次。即便如此，要把分散在全国各地的2300人共同聚集在东京，仍需要花费庞大的成本。而且，由于人数众多，有时会产生场地不够等各种不便。如此劳师动众的全国会议遭到了外界的质疑，大多数人认为在信息技术发达的现代社会，特意聚集上千人来东京开会的行为既浪费时间又毫无效率。尽管如此，区域顾问会议作为确保7-Eleven成长的重要传统，未来也会一如既往地举办下去。

诚然，如果只是横向业务的信息共享，那么运用最新的IT技术也未尝不可。但是，**在由上至下地传递企业方针时，直接沟通远胜于其他任何方法。**以众所周知的"传话游戏"为例，人们在游戏过程中总会无意识地回避负面信息，报喜不报忧。面对讨厌的、负面的内容，人们通常会产生逃避心理，不自觉地曲解信息。如果把我的想法以负责人→经理→店铺经营顾问的路径层层传递下去，最终店铺经营顾问往往不能接收到我真正想要表达的信息。

相反，采用面对面的直接沟通形式，则能在谈话过程中有效掌握听众对信息的理解程度。比如通过对方表情上的犹疑，或是歪头等细微的举止，推测他们是否能够完全理解我所表达的内容，抑或是目前的话题比较枯燥引不起听众的兴趣等等。继而可以根据现场反应随机应变地转换话题，让沟通更加清晰明了。

会议并不只是单方向的传达，只有把握听众的反应，进行双向的沟通，才能让会议时间变得更有价值。

无数次地改变切入口

有人觉得我每次会议的主题大同小异，大致分为：1.必须掌控每种产品的销售动向，建立假设并以真实的数据验证，从而提高订货的精准度，贯彻"单品管理"；2.门店和员工自身都要根据顾客不断变化的需求做出改变。

上述两点是7-Eleven成长道路上不可或缺的基石，几乎每次会议，我都会从不同角度切入，不厌其烦地向店铺经营顾问反复强调它们的重要性。

通常情况下，如果重复诉说同一话题，容易引起听众的厌烦情绪，觉得又是老生常谈。当我第三、第四次重复时，也许已有员工产生了类似的想法。即便如此，这几十年来，我仍然坚持以严肃的口吻向公司员工反复强调着同样的主题。看到管理层执著的态度，员工们自然会认识到其中的重要性，将这两点谨记于心。

坚持了几十年的会议中有这样两段插曲。一是在泡沫经济崩溃，日本经济陷入疲软发生的事情。那时便利店行业也受到影响一蹶不振，媒体甚至还提出了"便利店饱和论"。

　　其他连锁便利店的高层纷纷支持饱和论，呼吁必须改变经营战略。但我却一直对员工说："便利店行业还没到饱和的时候。"因为不断有新的品牌进驻便利店行业，证明市场还有足够的潜力。"况且，7-Eleven目前还有尚未覆盖的区县，只要我们持续不断地满足消费者变化的需求，未来一定有很大的成长空间。"结果员工们都觉得正如我所言，相信便利店行业并没有饱和，从而重整旗鼓，取得了良好的销售业绩。

　　又比如在某次区域顾问会议上，我说起了当天早报上，一则题为"餐饮连锁店业绩萧条"的报道。报道中写道："餐饮业被便利店抢走了客源。"而在那时，我们恰巧取得了创业以来的历史最高收益，外界便联系这一情况言之凿凿地宣称"便利店才是最大赢家"，并把餐饮业在上一年度业绩大幅下滑的原因归结于"是被便利店抢走了顾客"。

　　我之所以提到这一报道，意在唤起员工们的问题意识，让他们思考是否可以把"顾客的减少"随意归咎于其他原因。难道餐饮店所失去的顾客全都去便利店购物了么——与其作出没有任何依据的主观臆测，倒不如思考为何消费者会减少外出就餐的次数，尝试在时代的变化中挖掘更深层次的原因。此外，这则报道让我们再次认识到消费者变幻莫测的消费行为。这启发了我们必须不断研发符合消费者需求的新产品，并尽量在订货时避免机会损失，从而让现在进入便利店消费的顾客能够选择再次光临。那天的会议上，我通过一则报道入手，再一次为员工贯彻了7-Eleven的基本理念。

再者，定期举行的区域顾问会议并不是我一个人的独角戏。会议不仅设置了各个部门共享信息的时间，店铺经营顾问还会发表在加盟店第一线的工作中迸发的灵感和典型事例，并由各地区的店铺经营顾问分组讨论如何把这些内容有效传达至各个分店。

会议中，我只负责说明经营理念等主要框架，其余的讨论环节都由员工自行安排，包括现场在吸收会议精神后的感想，得到的启发以及遗留下的问题等等。反之，如果企业的高层过于独断专行，那么"老板说什么，我就做什么"的应声虫也会随之增多。如此一来，面对瞬息万变的时代，很难培养出员工自主建立假设、挑战创新的能力。

所谓经营，就是不忘根本，踏实地向前迈进。只有凭借坚忍不拔的实干精神，才能在紧急关头迎接挑战，做出具有独创性的变革。相反，如果连最基础的工作都完成不了，那么对待改革创新更加无从下手。所以，我希望员工不仅要听从上级的指示，更要培养自己的独立思考能力。

为了成长，必须积极应对变化

我在公司内部如此重视直接沟通的另一个重要理由，就是希望通过面对面的讨论让公司全员共享"理念"，也可以称作是"理念的渗透"。

某位媒体人士曾经发出这样的感慨："采访7-Eleven时，所有人都和铃木会长一样，把'为了成长，必须积极应对变化'挂在嘴上。就连加盟店的店长、供货的生产商也都说了同样的话。"对人数众多的企业进行采访，却听到了几乎相同的回答，这似乎让他感到非常难以置信。

在我40年间反复强调着同一经营理念的过程中，管理干部的观点自然变得与我一致，并以此为基准指导部下工作。换言之，7-Eleven的全体员工都和我持有相同的经营理念，秉承了共同的行为准则和价值观念。

最近，我时常在会长室召集管理干部开会，仔细向他们确认各种细节问题、共享营业的最新信息。类似的问题有：下一季度要推出什么产品？为什么要生产这类产品？这种研发对便利店有什么帮助？

　　站在他们的立场，或许很不情愿被我逐一盘问，但是如果不能应对上司的提问，就证明其在工作上有所疏漏。如果业务内容属于自己的管辖范围，不论别人提出任何疑问都应该具备迅速作答的能力。我也能借此判断对方是不是一个"用心工作、大有前途的人"。

置身于信息中

虽然我在公司内非常注重与员工的直接沟通，但其实我的性格自幼内向怕生，容易怯场。直到现在，每当我参与会谈或接受一对一的采访时多少还是会有点紧张。不过另一方面，我从很早以前起就擅长思考各种新点子，在便利店行业发起了许多领先业界的挑战项目，例如提议在店内销售饭团，首次推出食品配送服务，为了能让ATM落户便利店而成立银行，等等……在后文我将对此做进一步的介绍。

于是，别人经常问我："你是不是有什么特别的思维方法？怎样才能搜集到有用的信息？"很多人以为我每天都要阅览国内外的各大新闻，或是时刻在网上检索最新消息，为事业创新花费了大量精力。但实际上，我从未刻意通过学习构思新的经营战略。与此相反，我倒认为学习与创新思维并无直接联系。

零售业与我们的生活息息相关，只要在日常生活中保持发现问题的意识，即使不去刻意地收集信息，有效的信息也会主动出现，帮助我们获得新的想法。总之，**比起收集信息，如何运用信息才是关键所在。**

为了得到灵感和创意，我平时坚持做两件事。其一是把自己"置身于信息中"。例如回到家就打开电视，坐车就收听广播。我在每天开车上下班的途中，总会打开收音机，听一听最近又在流行什么，或是有什么有趣的新闻，当然对这些内容不必做到过耳不忘，只需让信息自然而然地经过大脑即可。

尽管如此，我依然能从中捕捉到有效的信息，这也许是因为我的脑海中存在"鱼钩"一样的东西吧，而这"鱼钩"即指对自身工作始终保持"问题意识"。

我一直告诉公司员工，即使今天的收益上升了，也仅仅代表"迄今为止"的结果。

时代是瞬息万变的，我对7-Eleven总是抱有危机感，认为如果甘于现状，满足于现在的成绩，经营终将会陷入僵局。时代在变化，我们也必须做出变化，并且全神贯注地应对客户层出不穷的需求。所以，即使身处庞大的信息社会，我也能捕捉到有效的信息，仿佛它们咬住了"脑海中的鱼钩"一样。

以当下炙手可热的网上超市为例。我在几十年前就精确预测了"今后必将是网络的时代"，并在公司内逐步筹备。当时，某家媒体对老龄化社会的深入报道咬住了我脑海中的"鱼钩"。如果日本老龄化问题日益严重，那么不能像过去一样自如外出购物的老年人势必会增加。并且，当作为社会中流砥柱的劳动力逐步减少时，不仅是老年人，年轻的一代也会因为过于忙碌而没有闲暇购物。由此可以推测，快捷的网上购物是未来消费模式的必然趋势。

凡事若只注重眼前，就无法做出准确的判断。只有在获得信息后，进一步研究对未来可能造成的影响，才能及时应对消费者日新月异的需求，让企业保持稳步的成长。反之，一旦跟不上时代的节奏，企业的产品和服务与客户需求之间的差距将被越拉越大，即使事后亡羊补牢也很难迅速让经营返回正轨。

为了避免这些情况，我时刻保持问题意识，并将自己置身于信息之中。

凡事预则立，由于我们事先做好了准备，伊藤洋华堂的网上超市在正式投入运营后成长迅速，营业额节节攀升。此外，从2013年起，我们开始对7&I集团整体的电子商务事业展开了突破性的推动。

灵感的获取方法：在众人面前演讲

另一个获取灵感的有效方法则是在众人面前演讲。

演讲这一形式能让头脑在短时间内快速运转，让人灵光乍现。我并不把演讲当作倾吐自身想法的时间，而是利用它整理思维，使想法系统化，将这一过程作为启发创意的源泉。当我在演讲时思考接下来应该说些什么的时候，新的创意自然会一个接一个地涌现。总之在说话前想法就已出现。

我转行加入伊藤洋华堂后，一人身兼数职，为了面对下一项工作时不受之前的工作影响，我总要打起十二万分的精神，集中注意力。基于这一经验，我擅长在短时间内集中精力，让头脑高速运转，或许正因如此，我的思维才会先于语言。

演讲前我从不事先准备演讲稿，即使有时一周需要发表三四次也同样如此。

我听闻许多企业的领导都会让下属操刀演讲稿，这项多余的工作纯粹是浪费时间。估计被领导"钦点"的下属也无法拒绝，只好应承下徒增的工作量。

而我的做法，是对咬住"脑海鱼钩"的信息加以筛选整理，把其作为演讲时的素材。

不能随口说出数值目标

上文提到为保持企业成长，"沟通"的重要性和通过演讲能获得灵感的想法。

但是，在商业经营中，也有一个最好不要轻易说出口的话题。那就是数值目标。

在经营连锁店的过程中，经常会被外界问及目标开店数或者营业额。虽然我也曾临机应变地答以预计的数值，但在过去40年间，我从不会在脱离确凿根据的场合下公开宣布目标数值。

在2003年创业30周年之际，日本国内的7-Eleven便利店总数突破了1万家，到了2013年则突破了1.5万家，尽管如此，我却从未订立过类似于"要在××年内建立1万家便利店"的目标。

连锁便利店事业的关键并不在于门店总数的多少，最优先考虑的理应是提升每家店铺的品质，这才是我们真正需要达到的"目标"。而公开宣布"要在几年内开设几家门店"的做法，无疑会让经营陷入歧路。

如果公司全体成员充分理解把开店目标定为1万家的用意所在，那么公开宣布也未尝不可。不过绝大多数情况都与此相反。如果没有任何把握就贸然提出了一个模棱两可的数字，显然是不可取的行为。

因为无论是谁，说过的话都会对行为产生影响。

话一出口，"目标是1万家店铺"的消息就会不胫而走，最后往往会在外界的压力下进退维谷，为了达成目标，勉强增设店铺。

这样一来，即使最后完成了目标的店铺数，也会导致每家门店的质量参差不齐，因小失大地破坏消费者对我们的信任感。

经营绝对不是简单的数字游戏。个人的工作亦是如此，在尚不具备明确的根据时，最好不要公开宣布业绩目标。否则"一言既出驷马难追"，容易陷入为了目标而不顾工作品质的怪圈。

所谓欲速则不达，工作中，应当沉下心思考应该做的事，仔细探讨前进道路中必须面对的问题，并逐一进行解决，像这样专心而脚踏实地的态度才是最重要的。

7-Eleven能拥有今天的成绩是凭借日积月累打下的坚实根基，而并非建立夸张的目标，在盲目的扩张中得到的虚高数字。

> **零售の哲学**
> 1.做不了基础工作的人也无力发起革新。
> 2.只要有发现问题的意识，有效的信息自然就会出现。
> 3.不要随口说出数值目标。

第三章

大多数人反对的事业往往能够获得成功

40年间，我每提出建立一个新事业的想法几乎总会遭受外界的强烈反对。有些是因为没有先例可循，有些则是人们预计开展过程中会产生许多巨大的阻碍等等。

"开拓这项事业太过艰辛""这种项目肯定没钱赚"等类似的反对理由，全是从自身角度考虑得出的结论。然而，判断一项事业是否具有可行性，更应该从消费者的立场出发，以消费者的视点，深入考察是否"符合需求"。最后，一旦决定开拓某项事业，就一定要坚持到底——这，就是我的经营思考法则。

我的经营思考法则

第一章已经提到，我在日本人还未听说过"便利店"一词时创办了7-Eleven，并且对所有组织架构的建设都来源于自己的摸索和思考。

由于完全没有先例可循，四周的反对声此起彼伏。但面对一份值得做的事业，我秉承坚持到底的信念，力排众议走到了今天。

我认为"多数人反对的事业往往能够获得成功"。反之，如果一项事业谁都表示赞同，势必会陷入全面的竞争状态，最后通常以失败或平庸收尾。过去也有不少类似的例子。

在大型超市正处于上升阶段的20世纪60年代后期至70年代，保龄球运动曾经在日本掀起了一番热潮。当时日本的人均可支配收入大幅上升，全民大娱乐的时代背景下，保龄球顺应潮流，发展得如日中天。彼时，职业保龄球手们轮番在比赛中展现出的华丽姿态，让这项梦幻般的运动成功俘获了男女老少的心。

在这股热潮下，大街上的保龄球馆自然迎来了空前的盛况，许多同处于上升期的大型超市也纷纷在门店内增设了保龄球馆，以购物之余还能打保龄球娱乐的卖点吸引了大量眼球。于是，伊藤洋华堂公司内部也出现越来越多提议参与保龄球事业的呼声。大多数人认为其他同行蜂拥加入的现状证明这是个一本万利的项目。

虽然众人高举双手赞成，我却坚决地投出了反对票。因为在所有人看来都"能赚钱""一定能行"的项目，真正参与进去反而不会一帆风顺。

保龄球事业只要有场地和设备就能即刻展开，几乎没有进入壁垒，久而久之，顾客的兴趣度必然大不如前。此外，随着竞争对手的急速膨胀，各个公司将挖空心思地寻求差异化，企图出奇招夺人眼球。然而毫无实质内容的战略并不能长久地吸引顾客。更何况人的内心变化无常，一旦需求被过分满足转眼就会失去兴趣，达到饱和状态。

企业必须依靠自身的智慧建立可持续性发展的事业。如果企业没有认识到这一点，人云亦云地设定经营方针的话，最终必将以失败告终。

40年间，我每提出建立一个新事业的想法几乎总会遭受外界的强烈反对。有些是因为没有先例可循，有些则是人们预计开展过程中会产生许多巨大的阻碍等等。

"开拓这项事业太过艰辛""这种项目肯定没钱赚"等类似的反对理由，全是从自身角度考虑得出的结论。然而，**判断一项事业是否具有可行性，更应该从消费者的立场出发，以消费者的视点，深入考察是否"符合需求"**。最后，一旦决定开拓某项事业，就一定要坚持到底——这，就是我的经营思考法则。

提供便利是最终目标

2001年设立的"IY BANK银行股份有限公司（即现在的SEVEN银行）"正是曾饱受外界强烈反对的事业之一。

当时，各家新闻媒体以"零售行业首家银行的诞生"为标题大篇幅地报道了这则消息。但是，我们的初衷并非是为了"进军银行业"，而是意在让7-Eleven便利店获得安装ATM的资格，从而为顾客提供更为便利的服务。

为了近距离地倾听顾客的意见，7-Eleven从30多年前起就开始以问卷形式对进店顾客、周围居民等各类人群展开了调查。至今为止，调查规模已接近1万人次，形成了重要的数据库。这一方法让我们能切实了解顾客的需求，在提升服务品质时有据可循，而非凭借主观臆测做判断。

20世纪90年代后期，许多顾客在接受问卷调查时提出"希望能在便利店里增设ATM"的要求。1987年，7-Eleven在业界首创了代收水电煤等公共事业费的服务，对通过住宅区附近的便利店支付水电煤的顾客而言，金融和便利店之间的距离变短了。

原先推出代收公共事业费的服务也是顺应了顾客的需求变化。

1980年至1990年，各种品牌的连锁便利店纷纷开疆拓土，在全日本扩展各自的版图，可谓是便利店文化在日本生根发芽、茁壮成长之时。越来越多的年轻人和上班族开始把邻近的24小时便利店视为"自家的另一个冰箱"。

人这种生物，只要享受过一次"便利"，就会有更进一步的期待。7-Eleven在思考如何满足顾客对"便利"的追求时，得出了这样一个结论：如果门店只是单纯地售卖产品，而不能为顾客的生活提供必要的服务，那么即使具备地理位置上的优势，也称不上是一家便利的店。因此，我们决定在提升产品品质的同时，充实和完善"服务"的内容。

从这一层面出发，我们把视线聚焦在了代收东京电力和东京煤气等公共事业费的服务上。因为当时并没有如今这样多样化的支付手段，可以便捷地通过信用卡结算或银行卡自动转账完成，所以忙于工作或家庭的消费者，每个月都要特意赶到遥远的金融机构支付水电煤等公共事业费，非常浪费时间。再者，金融机构每逢周末和节假日都会公休，平时还有营业时间的限制。与此相比，7-Eleven全年无休全天营业，顾客任何时间都可以进店支付，省时又省力。出于这些考虑，我们开创了代收公共事业费的服务。

便利店也能开银行？

正如预计的一样，代收费服务一经推出立即受到了大众的欢迎，急速上升的受理件数证明顾客在使用过程中确实体验到了便捷。同时，这一经验也与"希望能在便利店里增设ATM"的问卷结果密不可分。

为了顺应顾客的需求，我决定无论如何也应该在店内安装ATM，在90年代后期，我任命员工开始研究实现这一构想的方法。

经过调查我们了解到，公司必须取得银行的经营资格才能安装ATM，而最迅速的方法是与既有的金融机构合资成立新公司。于是，伊藤洋华堂集团（IY Group，即现在的7&I控股集团）的员工与负责推广ATM的都市银行行员，组成以构建ATM共同运营公司为目标的团队，着手进行准备。

另一方面，一个银行的收购项目也进入了我们的视野范围，对于"如何才能在店内安装ATM"这一问题，我们决心彻底寻找出最优解答。

然而，在和银行方面的谈判过程中，双方总是无法达成一致。虽然我们是金融界的门外汉，但身为零售从业者，依然习惯把客户的体验放在第一位。例如，银行工作日和周末收取的手续费有两套价格体系，虽然这对金融行业而言是"业界常识"，没有任何转圜的余地，但在我们看来却十分费解。ATM既然要安装在7-Eleven店内，我方就坚持以"带给顾客便利"为第一要务，这让双方的谈判像两条平行线般无法交汇于一点。

结果，我们为了能设立7-Eleven自有的ATM，决定放弃合资，转而选择了一条难度系数最大的道路——自行申请银行经营牌照。

就这样，"流通行业创建独立银行"——这一前所未有的项目正式拉开了帷幕。

1999年11月末，IY集团为取得银行经营牌照向金融监督厅（即现在的金融厅）提交了"银行设立意向书"。

面对来自金融界等社会各方的一致反对，我们朝这条险峻之路迈出了脚步。

金融再生委员会颁发银行营业的审查证书

外行即使开了银行也注定失败？

我们所设想的银行和普通银行有两项明显的区别。

　　1.顾客使用7-Eleven店内的ATM、从特定的金融机构账户取款时所缴纳的手续费是主要的收益来源。

　　2.是一家不设立融资业务的狭义银行（即专业结算银行）。

　　日本的银行每个工作日只营业到下午三点，作为金融机构，其给人的印象是衣冠不整的人不可随意进出的地方。不过，银行要是在附近的24小时便利店——7-Eleven中，无论顾客穿戴得如何休闲或居家，都能毫无顾虑地踏入。如果以车来打比方，那么现有的银行就是高价的租赁车，而我们想要建立的银行则是顾客可以轻松上下的公共汽车。

然而，外界的批判声却愈演愈烈，像狂风暴雨般朝我们袭来。当时的社会正处于金融恐慌之中，有人毫不留情地说："银行都快要破产了，零售业在这个时候蹚浑水实在不合理"或是"各大银行的ATM数量早已处于饱和状态，通过ATM盈利的计划根本是妄想"等等。

而在其中，人们发出的最多质疑声就是"外行即使开了银行也注定失败"。那时伊藤洋华堂主要往来银行的董事长甚至特意找到我，好言相劝道："希望你能悬崖勒马，我真不愿看到你最后失败的模样。"

在我作为经营者的人生中，遭遇到如此强烈的反对也是绝无仅有的。但我仍然保持了冷静的态度，因为这些专业人士的批判也证明了零售业中不会有其他企业会如此不顾风险地，挑战这一前所未有的巨大难题。

尽管眼前的道路荆棘密布，步履维艰，但只要顾客有实际的需求，就存在挑战的价值。

领导者的必备素质

从我们刚开始计划在便利店内安装ATM算起，已经过去了一年时间。

虽然目标已经明确，但由于受到各种阻碍和干涉，项目总是不能按照预想顺利展开。挫折让人心烦意乱，处在舆论漩涡中的团队成员也渐渐变得身心俱疲。

这一项目是零售业首次跨行进军银行业的大胆举措，类似于"难道非要做到这一地步不可""真是钻到钱儿眼里了！"的批判声逐渐甚嚣尘上，而这些声音自然也传入了员工们的耳朵里。平常能一笑置之的言论在身心疲惫、士气消沉的时候，难免会产生意想不到的负面影响。

"当计划暂时搁浅时，该怎样设法继续推进？"这一问题对领导者的能力也是一个不小的考验。我认为成员们如果由衷地理解这项事业的意义，即使途中产生了迷茫，最后也能自我调整、转换心情，摆脱负面的影响。

于是，我让团队成员静下心思考。一直以来，我们没有向任何困难低头，执意成立银行的原因只是为了获得在店内安装ATM的资格，给顾客带来更加便捷的生活。这一点从项目启动之初大家就已经达成了共识。

但是，理性上的认识并不代表情感上的接受。因此，一旦前进道路上出现了阻碍和挫折，内心会不自觉地产生"为什么好好的零售业非要进军银行业不可呢"等等负面想法。为此，作为团队领导人，我必须引导项目组成员们转换视角重新审视。

"7-Eleven有成立银行的决定性原因吗？"

便利店中陈列的产品全是我们经过精心挑选的生活必需品，除了食物和饮料之外，也提供了品种繁多的日用杂货。在货架最下方甚至还摆有红白事专用的纸袋。如果顾客需要参加庆祝仪式可能家里就有事先买的祝仪袋，而参加丧事却不一定会事先有准备了，届时一定会匆忙赶到附近的商店购买白事奠仪袋。我们预计到了这种生活场景，所以选择在店内提供这一产品。

但是，紧急关头光备有纸袋还远远不够，更需要折入其中的现金。十万火急的时候，应该有不少顾客觉得"如果能在店里取到现金，一解燃眉之急就好了"。7-Eleven既然是一家为顾客提供生活必需品的便利店，自然也会把现金看成一种"产品"。如此想来，在店内安装ATM的决定是必然的趋势。

大多数成员也注意到了这一点。因为存在需求，7-Eleven就没有不成立银行的道理。反而只有成立银行才能解决顾客的燃眉之急，真正体现"便利"二字，从而使我们事业前行的航线更加精确。

在引导各种项目推进的时候，每个成员对"项目实现价值"的认知程度是决定成败的关键因素。而作为领导者，重要的一环就是制造"认知"的契机。

"IY BANK"的诞生

顾及新银行将来的发展，对银行领导人的选拔无疑是重中之重。在从多种渠道火热遴选人才的过程中，有人推荐了日本银行的前任董事、旧名日本长期信用银行（即现在的新生银行）的最后一任董事长——安齐隆。之后和他本人见面交谈后，直觉告诉我这就是我们苦苦寻觅的最佳人选。

安齐先生质朴的口吻，透露出他真诚的品格，让我当即发出了邀请。虽然他没有立即点头同意，但我坚持非他莫属，最终双方握手达成了共识。

事后据项目组成员说，当时安齐先生本打算回家后再慢慢研究做决定，但由于我执意要得到回复才肯离开，这才下定了决心。这说明，你的态度越诚恳认真，对方就越能感受到你的热忱。

决定了新银行的领导者后，项目开展得更加活跃。除了安齐先生，其他的成员由IY集团的"门外汉"和曾经一同策划ATM共同运营公司的，多家银行派出的援助小组构成。虽然终点似乎越来越清晰，但由于是流通行业和金融业的混合部队，双方的思维模式还存在分歧。例如在核心问题，即该选择怎样的ATM这一点上就产生了不同的意见。当时ATM的市场均价普遍在800万日元以上，但我们认为成立新银行必须降低运营成本，便把研发成本定为市价四分之一的标准，200万日元。这对于习惯于"制造性能优良的ATM理应支出较高费用"的银行业界而言，是有悖常理的决定。

但是，**我们从创业伊始始终关注消费者需求的变化，工作方式从不受"业界常识"所限。**所以研发低成本的ATM在我们眼中并非天方夜谭。我相信只要深入考察ATM最小限度的必要功能，并就其研究透彻后，必定能实现低成本的目标。而实际上，我们也确实解决了众多技术难题，成功在预算范围内设计出了以结算功能为主的自有ATM。

开拓新事业时，关键要具备认清核心重点的能力，起步之初，并没有必要遵循完美主义。

思维分歧的问题也被逐步解决了。IY集团的成员为了引导援助小组的银行界人士理解流通业开办银行的初衷，创造了许多让他们亲身感受何为超市，何为便利店的机会。而援助小组的成员们也积极地走入店铺，展开进一步的体验。这些旨在让团队全员理解工作"本质"的措施对项目进程起到了明显的效果。

项目团队逐渐融合为一个整体，大家各自发挥所长，与监督厅斡旋、确保金融机构的协作等，解决了一个又一个棘手的问题。

经过团队的努力，2001年，"IY BANK"终于顺利开始营业。在银行成立后，援助小组的许多成员也正式加盟了进来，成为了经营的中流砥柱。

实现"三年内盈利"的目标

银行成立初期,财报连续两年出现了赤字。但是稳步提升的ATM使用率仍然让我充满了信心。

凡事都有一个量变到质变的推进过程,当使用者积累到一定程度时,自然会出现需求和人气蹿升的"爆发点"。由此可以推测,随着ATM数量的增加和大众认知度的提升,将会吸引越来越多的用户使用。当初7-Eleven同样遵循了这一规则,当开店量达到一定数量后引起了质变,进店的顾客量呈现出井喷式的增长。

不过在店内安装ATM后,额外出现了一个超出我们预期的派生功能——大多数利用ATM取钱的顾客,都会顺便在店内消费。而另一个颇有趣味的现象是,即使店内的ATM前排起了长龙,也鲜有人投诉。反观银行,当使用者众多,必须排队取款时,很容易让客户陷入烦躁的状态。与之相比,

7-Eleven中琳琅满目的商品转移了顾客的单一关注点，等待的人可以通过购物或阅读杂志消磨无所事事的时间，这也是便利店相较银行的一大优势。再者，银行规定周一至周五的工作时间可免费使用ATM，而深夜、周末及节假日则需收取一定的手续费，因而经常会遭到客户"为什么不能一直免费"的质疑声。与此相反，顾客在7-Eleven便利店中使用ATM时，即使缴纳了相应手续费也从未发起过任何投诉。

这正是因为便利店内设有银行的"新价值"得到了顾客们充分认可的缘故。

之后，我们顺利实现了金融厅规定的"三年内盈利"的目标，成为了网络银行等同期新银行中的一枝独秀，在令外界大跌眼镜的同时，也证明我最初的预想是正确的。

更名为"Seven银行"

2005年，在公司重组为7&I控股集团后，安齐先生建议把"IY 银行"更名为"Seven银行"。

顾客使用ATM汇款时，必须从界面上点选金融机构的名称。在战略层面，银行的名称起得越通俗简洁越好，因此这项更名的提议非常有价值，而且把置于7-Eleven便利店中的银行称为"Seven银行"也朗朗上口易于记忆。综上我对他的提议立即表示了赞同。

回想当初，从安齐先生同意担任银行董事长起，我自始至终只提出了一个要求，那就是——"请务必时刻关注消费者的需求"。

因为新银行是源自7-Eleven便利店的崭新事业，所以比起金融界的视角，我更希望他能从零售业的角度出发考虑问题。而"Seven银行"这一更"接地气"的改名提议也证明他确实做到了我的要求。

现在，当我再次和项目组成员回顾成立Seven银行的历程时，其中一人阐述了他的感想："如果当初整个金融行业的状态顺风顺水的话，也许零售业和网络银行都无法申请到经营牌照。正因为当时的银行业处于岌岌可危的边缘，所以我们才有机会开办银行。"或许事实正如他所言，有这一层因素的关系。但我成立银行的决定和金融业界出现的小小"空子"并没有任何关联。我的初衷是想要满足消费者的需求，应对人们不断改变的生活模式。其中最为关键的一点是，如果7-Eleven中存在一个能够代替消费者钱包的银行，显然会变得更加"便利"。

经营的过程中执著于出奇制胜或乘虚而入是无法长久的。当你顺应变化思考，答案自然会了然于心。

零售の哲学

1.越看似赚钱的事业越容易饱和。

2.只要信念坚定，就不会做出错误的判断。

3.理性上的认识和情感上的接受同等重要。

第四章

消费者所追求的是品质

我反复告诉公司员工，7-Eleven追求的永远都是"品质"二字。不能给消费者带来价值感的产品无法在市场占有一席之地。虽然让顾客形成冲动性消费的契机数不胜数，例如令人瞠目结舌的低价、突出产品新奇感或打造热门话题等等，但倘若这一切没有建立在"品质"这一重要根基上，则必将失去顾客"二次消费"的机会，让顾客对产品的兴趣消失殆尽。

比起"价廉"，"物美"更重要

执掌经营的过程中，我发现许多企业在主营业务之外还寻找着其他出路。当今时代瞬息万变，这一做法本也无可厚非。但是，如果将本职工作抛诸脑后，一味侧重于开拓新事业，显然对企业有弊无利。

前文提到，7-Eleven是一家根据顾客的需求变化而不断主动求变的企业。

以店内的备货品种为例，根据我们的调查，最近老年人和职业女性想在附近购买生活必需品的需求正在上升，因此我们相应地增加了具有更长保质期的副食品以及一些已加工切好的蔬菜等每天所需的食材种类。

或许有人觉得如果进一步充实备货品种，就能打造更接近超市的卖场，但是7-Eleven并没有必要成为超市，它的定位永远都将是"便利店"。

产品种类及服务内容理应随时代而变化，但我们顺应时代创造并持续提供"价值"的根本理念，自创业初始未曾有过动摇。

我从不考虑以价格取胜。这40年间，7-Eleven推出了品目繁多的独创产品，在研发产品之际，我也不曾提过降价的要求。

我反复告诉公司员工，7-Eleven追求的永远都是"品质"二字。**不能给消费者带来价值感的产品无法在市场占有一席之地。**虽然让顾客形成冲动性消费的契机数不胜数，例如令人瞠目结舌的低价、突出产品新奇感或打造热门话题等等，但倘若这一切没有建立在"品质"这一重要根基上，则必将失去顾客"二次消费"的机会，让顾客对产品的兴趣消失殆尽。如此一来，事业只会是昙花一现，毫无成长性可言。

自有品牌的诞生

出于对产品品质的追求，我们在2007年创建了自有品牌——"7-Premium"，也是7&I集团的共通PB（Private Brand，自有品牌）。7-Premium从创建初期的49种食品成长至今，已经是拥有超过1700个食品种类的产品系列，多年来一直受到了广大顾客的鼎力支持。

这一自有品牌的诞生源头在2005年至2006年左右，是IY集团刚刚转型为7&I控股集团的时候。当时经历了泡沫经济期，各行各业的市场皆处于低谷。产品的供给远大于需求，买方正占据强势地位。如果产品不能契合各个消费者的需求点，即便是价格相对低廉的食品或生活杂货也很难有销路。

但是，"滞销"并不是时代的过错，只说明消费者正在追求新的产品价值。

7&I集团除了7-Eleven便利店以外，还拥有包括伊藤洋华堂、约克红丸等大型超市以及在2006年完成子公司化的崇光西武百货等不同的流通业态。

我想如果能最大限度地利用多种业态的协同效果，应该能创造出前所未有的新产品。于是我设想突破各企业间的业态壁垒，打造"集团共通的自有品牌"。

由于7-Eleven的商业业态是便利店，并不像其他量贩经营的商店一样能推出大减价的促销活动，所以有些顾客会觉得我们的产品价格过高。其实，7-Eleven采用了非常独特的产品研发方法，简而言之就是"以团队形式研发具有高附加值的产品"。我也将在后文对此作进一步的解释。但是，由于我们的宣传力度不足，许多消费者都不了解7-Eleven的产品理念，导致有一部分顾客实际从未购买过店内新上架的独创产品。如果因此让消费者对7-Eleven的产品产生"高价"的误解，那将是非常遗憾的事。

为了让更多消费者选购7-Eleven的自有产品，我们加大了对市场同类产品的比价工作。同时，为了推广7-Eleven注重高品质的产品研发理念，有必要打造集团的自有品牌。

于是，在2006年，集团各公司的产品研发负责人打破业界壁垒，成功组建了集团产品研发项目组。第二年，该团队研发了包括49款食品在内的"7-Premium"，开始以系列产品的形式推广自有品牌。7&I集团在7-Eleven、伊藤洋华堂以及崇光·西武三个业态不同的卖场中以同一价格推出了同一产品，就这样，流通业界具有里程碑意义的PB正式面世。

在"必须执行"的喝令下开始的项目

7-Eleven的产品研发理念是与制造厂商的全国性品牌保持同样的质量甚至更高的品质,在确保高品质的同时还要实行让消费者感觉合理的定价体系。虽然起源于美国的商品开发战略原指低价战略,而我们的商品开发却颠覆了这一理念,其侧重点在于产品的"品质"。

不过,虽然各个企业隶属于同一集团,但由于各自的经营习惯大相径庭,项目启动伊始有许多人对"同一产品同一价格"的提议明确表现出了反对的态度。7-Eleven便利店表示:"不想像超市一样售卖廉价的产品。"伊藤洋华堂方面声明:"我们和从不降价的便利店及百货商场相比,销售模式完全不同。"而崇光·西武方面则犹疑道:"如果在百货商场陈列和便利店、超市相同的货品,有点不合时宜……"最后,在我"必须执行"的一声喝令下,大家才勉勉强强地同意了。

如果经营方法被历史经验所束缚，那么企业将停留在过去，无法得到成长。**无论企业属于哪个业态或业种，只有顺应消费者需求的变化，建立假设、采取对策，才有机会得以存续。**集团的全体成员都应认识到过去的方法、过去的成功经验对将来的成长并无帮助这一严酷的事实。我之所以会态度强硬地让员工们执行7-Premium项目，不仅是为了挖掘消费者"想在邻近商店购买优质生活用品"的潜在需求，也意在向员工们再一次彰显主动发起新挑战的重要性。

　　正如我的预期，消费者们一直在等待"高品质的产品"。

　　7-Premium一经推出，第一年就实现了800亿日元的销售额，到了2012年业绩更是增长至4900亿日元。而我们也顺势在2010年，研发推出了更高端的系列产品"7-Gold"。

　　"只要产品的品质精湛，无论在哪里都可以畅销"——这一经营本质终于得到了集团各公司的认可。

　　预计到2015年，7-Premium的销售额将上升至1万亿日元左右，再加上其他的自有研发品牌，7&I控股集团推出的原创产品总销售额将会达到3万亿日元左右，甚至还可能远远超过这一数目。

　　某位媒体记者曾对我感叹道："7-Premium的成功，改变了便利店行业的产品种类。"虽然我并没有特意关注过，但听闻许多知名连锁店都模仿7-Premium，在合理的价格范围推出了包含食品、日用品、调味料等多种生活必需品在内的新的自有品牌。

然而，模仿7-Premium的其他品牌都没能保持住成长的势头，不久就陷入了不上不下的尴尬境地。由于PB战略普遍以价格为核心，在消费呈现饱和的当今社会，这种手法已不再符合消费者的真实需求。当然，便利店行业盛行PB本身并没有害处，但我们所追求的不应该是价格的高低，而应将PB等同于精湛的产品品质。

大约是2000年前后，"PB"一词开始频频出现在报纸或是电视的报道上，但这对当时的7-Eleven而言，早已是耳熟能详的产品模式了。

前文曾经提到7-Eleven具有独特的产品研发方法。包括饭团、便当等米饭类，三明治、糕点等面包类，中国冷面、意大利面等面食类，关东煮、包子等热点类在内的即食产品，全都是7-Eleven的原创产品，属于广义上的"PB"，主要为了满足顾客身处忙碌社会下的用餐需求。对7-Eleven而言，售卖独一无二的产品早已习以为常。

"以团队形式研发产品"的方法

第二章中提到，让企业持续成长的重点之一是"通过直接沟通和公司全员共享理念"。只有严格做到这一点，才能不断提升各个加盟店的运营能力。在这一章，我将和读者分享第二个重点——"产品研发力"。

尤其是食品研发项目，7-Eleven对口味的要求近乎苛刻，有绝不妥协的评判基准。

一款新产品的问世，不仅需要得到产品研发负责人的同意，还必须通过包括我在内的所有高层董事试吃，只有所有人都对味道感到满意，才能正式允许对外发售。反之，如果有人觉得口味平平，我们就会扣下新产品回炉重造。

就算每天要生产成千上万个产品，在这一点上我也决不妥协。既然要让顾客掏钱消费，那么生产商就必须在食品的口味上追求极致。如果只是敷衍了事，极有可能丧失"回头客"。

要是发现我们的产品不如广受好评的专门店美味，则必须彻底调查两者的差异之处。虽然有些生产商会借口说味觉是非常主观的感受，每个人的喜好不尽相同，但是，如果把口感独到的食品素材、原料、调料的浓淡等要素数值化，逐一进行分析，那么"美味"也能得到具象。像这样用尽所有方法，经过反复的研究也不能让食品变得可口的话，考虑到企业的口碑倒不如叫停发售计划更为明智。**产品研发的理念是最能体现企业经营态度的环节，因此必须严格要求，力争完美。**

为了始终如一地贯彻研发标准，7-Eleven采用了团队形式进行产品研发。

这虽然和创建Seven银行的案例、领域都截然不同，但基本构思却如出一辙，同样是为了"集中各方专家的智慧"。

产品研发成员以7-Eleven产品总部的产品研发负责人为核心，加入了各个原料、器材、制造厂商或供应商的负责人，整个团队需要把控从制定产品企划方案到方案具体化的所有环节。因为食品分为米饭、面食、色拉、面包、甜品、饮料等多个品种，所以产品的研发也根据食品类别分门别类地组建了项目团队，每天努力研发新产品。

另一个值得一提的组织，是我们和日本食品等厂商在1979年成立的NDF（Nihon Delica Foods Association，日本鲜食联合会），这称得上是7-Eleven独一无二的特有组织。

集中专家的力量

40年前，我无意间在美国进入的7-Eleven店内，陈列着三明治和热狗等当地居民每天的主食。

看到这一情景，我设想是不是也可以在日本售卖能让顾客立即食用的产品。当时联想到的是家家户户都会做的饭团、便当和三明治等。

于是我便开始寻找相关的生产厂商，如果是门店数较少的时期，与小产量的便当店合作，采购他们的手工便当也足够了。但7-Eleven的门店数只增不减，因此必须和具备一定规模的生产厂商合作。在一番寻找之下，我们汇集了多家赞同我方想法的便当和面包生产商，并于1979年共同成立了NDF。到了2013年，NDF已经成长为拥有80多家米饭、面包、配菜生产商的大型联合组织。

NDF的最大特点是"只为7-Eleven制造产品"，采用了零售行业前所未有的模式。这种模式的一大优点是组织成员能发挥各自所长，共同提炼产品研发的构想，同时7-Eleven也能垄断生产制造的技术。除此之外，还有许多其他的潜在优势。

通常情况下，一家生产制造工厂同时会和多个公司合作。假设有A、B两家公司先后发出订单，那么工厂的一般流程是在生产线完成A公司的产品后，继续利用同一生产线制造B公司的指定产品……像这样使用单一生产线为不同订货方制造产品时，极有可能由于设备内的残留，导致一定数量的配方外原料混入下一批（甚至数批）产品的生产过程。总之，不可能完全规避不同产品间的交叉污染。但如果与加入NDF的工厂合作研发，则能在原材料购买和品质管理上执行统一的标准，实现生产卫生上的安全与安心。

因此，这一7-Eleven独创的生产体系，能够保证为顾客提供"安全·安心"的食品。

其中，用于自有产品的原材料及所有的生产记录都由数据库保存。不仅是原材料的数据，连每种材料对应的产品和地区也有记录可循。数据库甚至还设有易过敏物质和食品添加剂情况的多重核查系统。

此外，在合作工厂生产米饭和配菜类自有食品时，也采用了严格的卫生和温度管控制度。产品完工后根据各自的特性被分成四个温度段，向附近的加盟店进行集约型共同配送。这样的流程让我们的食品无需使用任何防腐剂和人工色素。顾客们也反馈说，比起购买添加了大量防腐剂和人工色素的食材回家烹饪，直接购买7-Eleven的便当和配菜反而更加安全安心。

像这样，我们在生产第一线综合各方专家的力量，把食材的安全、食品的口味等各方面都照顾得面面俱到，进一步提升了产品的研发能力。

产品总部的产品研发负责人作为研发团队的总负责人，以具体化"消费者的需求变化和偏好动向"为目标，不断地提出更加精妙的产品企划，评判新品是否具有上市售卖的价值。另一方面，NDF成员和其他厂商发挥自身的专业力量，实现更高水准的制造工艺，在口味上力争完美。总之，以团队形式研发产品的最大优势是通过卖方和生产方两者力量的相互碰撞，发挥协同效果，接二连三地为顾客提供高品质的原创产品。

不过，在协同多个企业研发产品时，有一点必须要注意，就是绝对不能成为"好朋友"。

共同体会过研发的苦与乐，在协同作战的过程中逐渐脾气相投，产生同盟意识也是人之常情。但是，如果工作伙伴间的关系太过亲密的话，面对没有达到标准的新产品，也会产生"算了，大家都不容易，这一次姑且让他通过"的松懈思想。要知道，我们的产品会被陈列在总数超过1.5万家的门店内，因此决不能有得过且过的想法。因此，我常指示产品研发负责人将这一点铭记于心，严格践行产品标准，推动团队前进。

越美味的东西越容易腻

2013年，7-Eleven在全国共有160家专有生产工厂，虽然这些工厂全部加入了NDF，但我们几乎没有向任何一家投过资金。不仅是工厂，我们也从未投资过新品的生产设备。生产工厂的使命是为便利店制造高品质的产品，如果产品畅销，加盟店盈利，订货数量自然直线上升。而订货数量增加了，生产方的利润也会水涨船高。这种相互独立的关系，让厂家时刻保持紧张感，自觉以严格的眼光审视产品的研发情况。

在和其他企业携手共进之时，需要注意不能成为关系过于亲密的伙伴，而应该在信赖对方的基础上随时保持紧张感。

7-Eleven独特的研发方法，并不用于创造标新立异的产品。顺应消费者需求挖空心思地研发产品固然重要，但我们也非常重视被称作"经典款"的基本产品，每年都会加大对这类产品的研发量。

我经常对员工说："越美味的东西越容易腻。"虽然越觉得好吃就越想吃，但却不会想要天天享用。反倒是便当、饭团和面包这类顾客每天都会购买的经典款，在口味上必须严加要求，不断推陈出新。

举一个我经常会向员工提起的例子。7-Eleven过去研发的红豆糯米饭团，一直到今天仍然保持着人气产品的地位。红豆糯米的美味之处在于其软糯的口感，但在它刚被研发成型时，我试吃过后并没有尝到糯糯的口感，于是找到研发负责人询问原因。负责人告诉我制作红豆糯米的方法和普通米饭一样是用锅煮熟的，因而导致口感上有所差异。我当即训斥他说，红豆糯米本身应该以蒸笼蒸制，为什么不采用正确的方法呢？原来，当时的生产工厂并没有以蒸笼蒸制大量糯米的工艺和设备，因此选择了和普通米饭相同的做法。我要求他们改变制作方法，引进新设备，力争做出最原汁原味的糯米饭团。

开发团队对糯米的种类、淘洗方法、浸泡时间、红豆的选择、煮法等等所有的要素都重新研究，克服了好几个难关，终于让这一产品获得了极大的成功。

停止销售炒饭的理由

而另一个类似的例子是我曾命令全店立即停售当时仍是人气产品的炒饭。

在7-Eleven的午饭时间，董事们会聚集在一起试吃公司的产品。其中既有最新研发的，也有已经上线、正在销售中的产品。这已经是2003年时候的事了，某天我在试吃炒饭时，感觉饭粒都黏在了一起，口感不能让人满意，我立即对开发负责人说道："这根本不是炒饭。"并要求全店当天就将炒饭下架。

制作炒饭时必须用强火翻炒中式炒菜锅。但由于现有的工厂不具备实现这一点的设备和烹饪技术，完全达不到制作炒饭所需要的高温。

红豆糯米和炒饭的例子都源自生产方站在卖方市场的角度考虑问题的思维模式。如果从买方角度思考，同样是炒饭，消费者理应要求和家里烹饪得一样好吃，甚至觉得应该更好吃。倘若我们贪图便捷，没有实现消费者所追求的口感，那么这一个小小的疏忽也极有可能导致顾客的流失。

于是，我要求负责人立即进行改良，在没有成功生产出地道的炒饭前不允许上架。经过一年零八个月的努力，负责人和厂商终于研发出了新设备，改进了烹饪方法，成功推出了"正宗炒饭"，而这一产品重新问世后也获得了顾客的热烈欢迎，直到今天依然是大热产品。

我无数次对员工强调：7-Eleven每天都要生产好几万份产品，因此在顾客面前，卖方以"工厂没有相应设备"为借口根本行不通。当时我训斥员工还没有努力寻找解决方案，就因为做不出"家常菜的味道"而妥协放弃的态度并不可取。到了现在，产品研发组和NDF的成员们成立了美食专家项目，向专业厨师请教正确的料理方法，学习烹饪的专业精神。

从"家常味道"转向"家中难以实现的味道"

7-Eleven虽然是"卖方",但并不会把所有事情都扔给生产商,而是通过双方的共同协作,以追求完美的口感为目标,接连不断地研发新产品,并始终贯彻"口味"与"品质"的严格标准。

行业的外部环境每天都在变化。构成当今日本劳动力的主要人群自打出生起,家里附近就已设有便利店,因此他们对7-Eleven的期待值也远高于过去。"作为便利店,这个味道也勉强凑合"的借口早已无效。相反在当前的时代,要求无论是便利店还是超市,只要是陈列在货架上的产品,就必须确保美味的口感。因此,**产品的研发能力成为了现代企业的核心竞争力,需要其发挥真正的价值。**

7-Eleven之所以能持续不断地提供独创的新品"美食",与一直以来坚持研发具有高附加价值产品的原则密切相关。

到目前为止，我们重点研究了如何贴近"家常菜口味"的方法。但是，随着时代的变化，今后应该转换思路，研发"无法轻易在家中厨房烹饪的菜肴"或"需要花费大量精力才能做出的味道"，进一步提升7-Eleven的"便利"特征。

其中，"汤汁"就是研发项目之一。与双职工家庭的递增成反比，每个家庭花费在家务上的时间正在逐年递减。像过去一样把鲣鱼干刨成薄片，洗净海带并放入水中浸泡，再按照工序一步步熬制汤汁的家庭已经变得越来越少。

"汤汁"是决定关东煮、冷面、炖菜等许多日式料理口味的关键性因素。7-Eleven从很久之前就在精益求精地完善"汤汁"的味道，对鲣鱼干的加工流程、汤汁的熬制方法等每一个细节都力求完美。此外，考虑到日本各地的不同口味偏好，我们在海带与鱼的选取上结合了地域特点，严格选取当地居民最熟悉的材料，打造出能满足全国消费者口味的产品。

而另一个例子则是咖啡。近几年，味道醇正的现磨咖啡受到了顾客们的追捧。我们以轻松品尝"家庭难以实现的正宗口味"为诉求，开拓了新的市场。

过去便利店出售的咖啡类型大多是罐装咖啡。前来购买的顾客中，男性占据了压倒性的数量，女性相对不怎么喜爱。

咖啡作为嗜好品，其受众面宽广，理应不分男女老少。

因此我们预计如果引进烘焙技术，使用现磨的咖啡豆调制地道的咖啡，一定能打开局面，吸引更多的顾客购买。于是自创品牌"Seven咖啡"应运而生。只需100日元就能买到的现磨咖啡，其"优质而平价"的品牌定位受到了顾客们的青睐。自从7-Eleven为全国的加盟店引进咖啡机以来，新增了大量专门为现磨咖啡而进店消费的顾客。

这些例子告诉我们只有不满足于既有的技术，应对变化发起新的挑战，才能有所收获。

面对长年通货紧缩的经济环境，商家需要花费一定的时间引导顾客主动消费。在充分理解这一点的基础上，今后的7-Eleven也将主动开拓新市场，以源源不断的产品提案满足消费者潜在的需求。

之后的第六章我也会提到，"等待型经营"的时代已经结束。除了在制造产品时追求"品质"和"美味"，也要形成"主动开拓新市场"的意识，迎接更高难度的挑战。

若想让事业步入下一个阶段，如何从"等待型经营战略"转变为"进攻型经营战略"是非常关键的一环。

零售の哲学

1.不能沉迷于过往的成功经验。

2.改变卖方市场的思维方式。

3.主动开拓新市场。

第五章

消费即是心理战

造成产品滞销、生意萧条的原因只有一个，即是现在的工作方法已经无法满足时代和消费者需求的变化。

为了捕捉变化，我数年来不厌其烦地向员工和加盟店成员强调：工作上应该遵循"假设→执行→验证"的步骤。流通行业中，产品的滞销现象对企业是一个致命性的打击。假设店面狭小的便利店摆满了滞销品，那么恐怕连门店的生存也将变得岌岌可危。

产品滞销的原因只有一个

"因为经济不景气，所以消费者捂紧了钱袋" "因为步入了老龄化社会，所以产品没有过去畅销也是正常的" ——无论哪个行业，当企业出现经营问题时，总会找出上述"宏观"理由自我安慰。

作为集团管理人，我担负着7-Eleven、伊藤洋华堂和崇光·西武百货等下属企业的经营责任，纵观当前的流通业界，超市和百货商场的业绩确实算不上太好。

在寻找造成业绩不良的原因时，有人提到了类似于本章开头的理由。但这个理由显然并不成立。如果存在经济不景气会导致企业业绩下滑的法则，那么就与7-Eleven业绩的逆势上扬自相矛盾。

造成产品滞销、生意萧条的原因只有一个，即是现在的工作方法已经无法满足时代和消费者需求的变化。

为了捕捉变化，我数年来不厌其烦地向员工和加盟店成员强调：工作上应该遵循"假设→执行→验证"的步骤。

　　流通行业中，产品的滞销现象对企业是一个致命性的打击。假设店面狭小的便利店摆满了滞销品，那么恐怕连门店的生存也将变得岌岌可危。

引入POS系统

为了提高业绩，保证产品本身的高品质自然不必多说，而另一个关键因素则是产品品种的丰富程度。达到这一点的最完美状态是所有产品品种都备货齐全，消费者前来购物时，货架上正好陈列着他想要的产品及数量——虽然这种状态听起来非常难实现，但如果因为过程艰难就轻言放弃，企业将永远得不到成长。为此，我们主动思考，试图努力提高订货的精确度。

如果想要预测哪类产品畅销，大量的数据必不可少，在每天运营店铺的过程中，还必须确保能专注于订货工作的时间。

创建7-Eleven后，顾客寄予我们的期望值也变得越来越高。并且随着门店工作的日益繁忙，我发现想要更有效率地开展业务，必须建立信息系统。在门店数量突破几百几千家之后，仅仅依靠电话和手工订货已经远远不能满足需求了。

从20世纪70年代后半阶段开始，我们走访了多家电机厂商，寻找愿意与我们共同实现"订货系统化"的合作方。但由于这是一个前所未有的设想，许多公司都难以接受。经过多番尝试，只有日本电气（NEC）向我们伸出了橄榄枝。虽然利用电传方式传递订货数据是一项巨大的挑战，但是为了提高加盟店的生产效率，我决定迎难而上。我告诉合作方，无论面临多大的困难，我们都要尽全力创造更好的东西，并且还在成本和交货期上提出了非常严苛的条件。

面对我方"成本低、交货期短"的要求，日本电气的负责人一度难以接受，连连摆手说这种条件不可能做到。谈判到了最后，日本电气的董事长小林宏治先生做出了决定，以与我们共同开创新一代技术为决心，为7-Eleven组建了专门的研发团队。

1978年，订货终端机研制成功，被全面导入7-Eleven便利店使用。订货方式从原先的手工记账进化为使用"终端Seven"读取货品条形码发送电传数据的流程。这一终端机器的运用大幅提升了订货效率，在流通业具有划时代的意义。但它的一个缺点是还不能为改善备货提供有效数据。

当时，我曾让工作在第一线的店铺经营顾问前往加盟店调查面包的备货情况，发现受欢迎的面包品种经常会被销售一空，处于缺货状态。如果在卖方市场的时代，这根本不成问题，因为顾客会选择其他品种的面包。但是，在买方市场的时代，消费者只会购买他们真正想要的产品。如果放任缺货问题不管，将会反复出现机会损失。这里的机会损失是指"本来可以售出的产品，却因为备货不足而丧失了销售机会"的意思。

便利店中习惯把"面包"作为一个大类的产品。换言之，如果不能掌握每个"面包单品"的销售动向，了解"哪个面包种类最畅销"，则会不断出现机会损失，或者是因为其他种类的面包不能在保质期前销售一空而引起的废弃损失。

可见，作为判断产品售卖情况的销售数据非常重要。正在这时，我注意到了美国刚开始普及的POS系统(Point of Sales, 销售时点信息管理系统)。我想，如果引进这一系统加以运用，就能把控每个产品在不同时间段分别卖出的数量。

不过在另一方面，POS系统提供的详尽数据，容易让人受到数字的影响，误以为今天卖得好的产品，明天也会卖得好，于是完全站在销售数据的延长线上订购第二天的产品。但实际上今天的数据对第二天而言只不过是历史记录罢了，因此在使用POS系统之前一定要明确这两者之间并没有直接联系。

就这样，1982年，7-Eleven便利店成为了日本第一家引进POS系统的公司。

POS收银机（笔式扫描）

走向"单品管理"

我在引进POS系统前，通过店铺经营顾问向所有加盟店的员工彻底灌输了"单品管理"的意识。无论如何灵活地运用POS系统，也只有反复实行上文提到的"假设→执行→验证"过程，才有办法提高备货的精确度。

"假设"并不是凭空想象，而是以销售数据为出发点，结合第二天的天气、气温、街市的活动等前瞻性信息，进行客观的分析和思考，提前预判顾客的消费心理，并以此为基础订货。最后再通过当天收银结算的POS系统，精确地掌握产品销售的数量和时间，印证和调整自己的假设。然后再继续下一轮的"假设→执行→验证"步骤——"单品管理"即是日复一日地执行上述步骤。

近来在服务行业中，许多公司为了提高顾客的忠诚度，在分析备货时流行使用结合积分卡的大数据解析法。但是，无论出现多么高科技的分析系统，如果只会单纯地依靠电脑算出的数据，对备货精确度并无太大助益。

"单品管理"的核心在于主动思考、建立假设，再以实际的经营数据验证假设的流程。

要补充的一点是，在进行单品管理时，也必须关注其他关联产品，这一应用能力非常重要。假设在旅游旺季，门店大量采购了可以随时在户外食用的三明治和面包。这时如果没有同步增加顾客可能会搭配购买的咖啡等饮品的订货数量，那么届时饮料类产品将会很快断货。如此只关注了主食的销售动态，却忽视与之有极大关联的饮料，显然会导致巨大的机会损失。总之，必须时刻铭记"单品管理"是用来应对"消费者未来需求"的方法。

世上没有快速提高利润的特效药。成功的关键在于是否能时刻保持发现问题的意识，制定出切中要点的初步假设。为了实现这一步，我们必须努力磨炼商业"嗅觉"，更敏锐地感知世间的变化。

消费是场心理战

2012年末自民党重掌政权，民众对此有很大期待，普遍觉得"这次的新政权不会再失败了吧""自民党上台应该会做些实事了吧"。随着国民信心指数的上升，经济复苏、消费活跃的趋势日渐高涨。但我依然坚持在每次的区域顾问会议上叮嘱员工："经济不可能马上走出衰退，必须做好消费变得越来越低迷的觉悟。"之所以有这样的担心，是因为我深知"消费是场心理战"。

消费可能愈加低迷的原因之一是增税政策。未来，日本将分两次提高消费税。赞成实行增税政策的人，也许以为只上涨2%-3%的程度，对消费并不会有显著影响。

这里要事先声明的是，我对增加消费税的政策本身并没有任何异议，关键在于实行政策的时机。

尤其是管理家庭收支的主妇们，她们对市场最为敏感，只要每月的开支稍微增加一点，就会感觉心理不适。哪怕产品的金额只是微微上浮，人们的内心也会闪起"涨价"的警报，紧接着产生抵触情绪。即使消费者手头上宽裕，也要在购物前再三考虑。所以说消费欲望会因增税而骤然冷却。

尽管如此，政府还在长久的通货紧缩后，通过了增税两次的政策，这点令我十分费解。即使经济稍许好转，人们的消费意愿有所回升，也很难安抚萌发于内心的抵触情绪。

实际上日本的经济正在从通缩和低迷中逐渐复苏，预计人们的消费欲望确实会逐渐提高，但市场真正恢复活力尚需一些时日。

类似的例子可以参考历史上消费税被调高后的市场反应。

1989年日本开始导入3%的消费税制度后，在长达一年半的时间内，内需基本在冰点徘徊。好不容易等到市场消化了政策，民众的消费意愿刚刚开始有所恢复的时候，政府又提高了两个点的消费税，从3%上升至5%。不出意料，这次的消费情况又再创新低，陷入长年的低迷状态一蹶不振。

面对当时乏力的消费市场，我心想必须采取紧急应对措施，便向董事会建议在伊藤洋华堂开展返还5%消费税的促销活动。然而董事会成员听了我的话就像听到了天方夜谭一样嗤笑连连。那时候，即使让营业部门为产品贴上降价10%

的促销标签，也几乎无人问津，所以大家质疑区区5%的促销更不会有任何效果。但是在我看来让顾客抱有不满情绪的根源来自于上涨的消费税，因此如果以返还消费税的方式推广产品，一定能迎合顾客的情感诉求，令他们在心理上更容易接受。

虽然我据理力争，但是大家仍然坚决反对。于是双方各退一步，同意我先以北海道地区为试点，仅在该地区范围内的伊藤洋华堂内开展5%的消费税返还活动。结果活动一经推出，顾客的反响热烈，营业额同比去年增长了75%，公司立刻决定从第二周起把这一活动推广至全国。

如此从心理学的角度分析经济局势，有助于企业把握商机，甚至找出让顾客主动进店消费的最优策略。

如今的日本早已脱离了物质匮乏的年代，我们所处的时代产品种类丰富，几乎应有尽有。但是由于经济低迷这一涉及心理层面的负面因素长年盘踞于日本消费市场，让消费者即使手中宽裕也不愿轻易打开钱包。因此我们必须认识到，对零售业而言，日本的消费者是世界上最难对付的顾客群体。

消费者的价值观在哪里？

为了读懂消费者的心理，首先必须判明他们随时代而变的价值取向。

日本的泡沫经济崩溃后，市场上接二连三地出现了折扣店，这一时代的消费者有非常明确的价值取向，主要关注商品价位的高与低。但是，如果企业还沿用老一套的低价战略，则势必会导致失败。

举例而言，过去如果对产品采取了"加量不加价"的促销方法，会直观地让顾客感到划算。但在少子老龄化的时代，"量大"对多数人而言并没有吸引力。随着单身人士和二人小家庭的增加，希望量少而价优，或者比起价格更期待高品质的人变得越来越多。所以在设定价格前，必须首先读懂消费者的心理。

对此再做进一步分析，有时日本人本身的国民性也是捕捉消费者心理的重要参考材料。

我曾经和东京大学的名誉教授、工学博士月尾嘉男先生有过一次谈话，当时月尾先生的一番言论让我觉得非常有趣，他指出："最近的日本人习惯了物质丰厚的社会，比起像过去一样拼命工作，他们现在的价值观更倾向于以自我为中心地生活。所以已经逐渐丧失了为适应严酷的社会条件而不断改变自身生活步调的能力。"

虽然日本和其他许多国家相比是一个富裕的国度，可是日本国民却对"差别"现象尤为敏感，我对这一矛盾一直百思不得其解。而月尾先生的一番话恰好解释了我的疑惑——正因为生活富足，所以任何细微的变化都会使人受到冲击。

如果不能理解日本人这一特有的"国民性"，即使发现了市场变化的预兆，也很容易错觉，做出错误的判断。我在观察零售业的工作第一线时注意到，若想要捕捉日本市场的特征，普通的方法基本无效。

正如前文所言，日本的消费者在思维上充满了矛盾的"两面性"：即使身处物质丰富的时代，也不愿轻易掏出钱包；虽然生活富裕，却对"差别"现象尤其敏感。因此，如果卖方不能绞尽脑汁，用尽一切办法唤起买方的消费欲望，企业也将走向末路。

同时，通过对市场宏观现状的分析，我们可以发现现在的消费形态并非趋向"多样化"，反倒具有非常明显的"统一化"特点。

一些专家们经常说"多样化是当今消费形态的特点"或"在崇尚个性的时代，只有为消费者量身定制的产品才有销路"等等。但在零售第一线与消费者近距离接触的我们眼中，再没有比日本市场的消费形态更具有统一化特点的国家了。

纵观整个市场，产品的生命周期正在不断缩短。新品每天层出不穷，在它们转瞬退出市场后又会涌现新的一批流行产品。看到迅速更新换代的产品，会让人误以为消费者的需求极具多样化。然而实际上，并非所有产品都有销路，稍作观察就可以发现人气总是聚集在某些特定的种类上，因而并不能由此得出"现在的消费形态正呈现多样化"的结论。

再者，最近消费者还会通过Social Network Service（SNS，社交网络）发表对热门产品的使用感想和点评，引起话题性的同时也让畅销产品的种类越来越集中。由此基本可以断定，日本的消费形态将继续保持统一化的特点。

这一背后藏有多个深层次的因素。首先，日本人的贫富差距相比美国等其他国家较小。其次，因为实行了义务教育制度，国民的受教育程度也较为平均。这些独特的经济和文化背景促使市场形成了统一化的消费形态。如果经营者没有看透市场背后的"本质",盲目增加产品种类的话,那么无暇顾及所有产品的同时,也容易出现由缺货引起的机会损失。

在揣摩顾客心理,捕捉产品需求时,不能只看到表面现象,更要去挖掘深层次的因素。只有经常以发现问题的意识分析社会现状,"本质"才会浮出水面。

"特色饭团"为何能成为热销产品？

设计让顾客满意的产品时，一定要站在顾客的立场，从建立假设开始一步步按流程执行。不过在建立假设时，很多人都会陷入"为了顾客（即指从卖方立场考虑顾客需求）"的错误思考模式。

以便利店行业的PB战略为例，我们的自有品牌7-Premium从不打价格战，而是坚持提供"价格以上的价值"。该系列在涉足2800多种产品的过程中，已经逐渐成长为7-Eleven的第一热销梯队。然而，PB战略备受瞩目的时期正是通货紧缩的年代，当时也有不少热衷于价格战的企业。想必这些企业的经营者推断："通缩的时代，较低的定价也是为了顾客着想。"

其实，消费者在选购产品时并不是只考虑"价格"一项因素。

7-Eleven具有代表性的热销产品——"特色饭团"就是典型的例子。这种饭团使用了比普通饭团更为高端的食材。2001年初次推出的"黄金鲑鱼饭团"和"鲑鱼子饭团"的定价分别为160日元和170日元。

虽然现在看来这一价位并不算高，但作为便利店销售的饭团，当时已属于破天荒的高价。要知道，那时面对通缩的宏观经济环境，各个公司都陷入了大幅降价的恶性循环。麦当劳推出了工作日半价的促销活动，一个汉堡包只卖65日元；吉野家的牛肉盖浇饭也从每碗400日元降至280日元。而其他连锁便利店也紧随其后推出了100日元的饭团应战。

虽然7-Eleven也有零售价定为100日元和120日元的饭团，但是以我们的经营原则，绝对不可能为了价格而放弃质量。**由于价格战会让企业陷入即使产品热销也没有任何利润的恶性循环，所以我们尽量避免被卷入其中。**

正如前文所言，"再美味的东西也会有让人腻烦的一天"。不出所料，随着时间的推移，不论价格变得如何便宜，顾客也不愿再次选择同款饭团。

于是，产品研发负责人又提议推出比100日元更低价的饭团。他从100日元饭团的热销现象推测"不景气的大环境下，消费者更喜欢价格低廉的产品"。这正是典型的以昔日的成功经验为基础，从"为了顾客"的思维模式做出的错误判断。

无论经济如何不景气，消费者购买产品的动机也不会只停留在"价格便宜"上。比起价格，产品的新价值、口味更好的体验更能促进消费者的购买意愿。100日元饭团畅销的主要原因是出现了前所未有的价格区间，让顾客产生新鲜感，达到了促进购买行为的效果。但如果第二次下调价格，顾客只会觉得商家黔驴技穷，在重复相同的伎俩，从而失去对产品的新鲜感。与其如此，我想倒不如推出新的饭团更能迎合顾客的需求。

一开始，公司内部非常反对我的提议。研发小组深信，身处不景气的年代，产品如果不便宜根本没销路，所以在他们看来，推出近200日元的饭团简直是荒谬的行为。但是如果从消费者的立场考虑，就能理解**在产品过剩、消费饱和的时代，相比价格的高低，产品是否具有新的价值才是决定购买行为的关键**。因此，不管成员赞同与否，我仍旧坚持让他们执行研发工作。最终，严选海苔、大米及馅料作为食材，再加上用精致的日本纸制成的外包装，上文中的"特色饭团"就这样诞生了。尽管面对的是通缩的市场环境，"特色饭团"一经问世却受到了消费者的追捧，令当年饭团类的销售额同比上一年度的增长率高达两位数。

作为卖方，决不能轻易被竞争对手的动向或时代的大趋势打乱步伐。只需像进入公司前一样，单纯地站在顾客角度思考就行了。当然也没有必要形成专家般的思维方式，因为常年积累的经验有时反而会成为前进道路上的阻碍。

关于这一点，不知是我天性如此，还是对零售工作没什么兴趣的缘故，从很久以前我就养成了站在顾客立场思考问题的习惯。

从"还在营业太好了"到"近距离的便利"

"站在顾客立场"考虑问题的方法,不仅适用于产品研发和货品种类的经营,同样能在企业规划未来的发展战略时发挥至关重要的作用。这是因为企业的责任也随着时代的变化悄然发生了改变。

当经营者捕捉变化,思考未来企业该如何服务于顾客时,不能唯自身的利益和方便至上,应该经常从"顾客的立场"做出判断,这点是决定企业能否在各种环境下长久存续生存的关键。

我为了向员工和加盟店指示未来的经营方针,一直以来都坚持以通俗易懂的方式传达"7-Eleven的理念"。

创业之初,7-Eleven便利店主推24小时开店的优势,让忙碌的顾客能在任何时间进店消费。因为当时顾客期待的是便利店营业时间的长短,我们连广告词也设定为"还在营业太好了"。

但是，顾客期待和要求的"便利性"会随时代而变。在经历了物质丰富的泡沫经济期后，消费者开始崇尚产品的品质；在严酷的大环境下，人们的工作和生活变得异常忙碌，于是便开始期待ATM等新的服务项目；而到了近几年，消费者不再仅仅满足于普通的产品和服务，转而希望便利店能给自己生活的方方面面都带来更多便捷。

纵观上述顾客对我们便利性要求的变迁，可以知道想要进一步挖掘消费者潜在的需求，必须深入思考"7-Eleven对顾客而言到底具有怎样的存在价值"。7-Eleven成立之初的定位是"为顾客带来便利的店"。以此为基础，我们在2009年重新定义了7-Eleven应有的经营姿态——即作为贴近顾客生活的商店，必须努力实现"近距离的便利"。

之所以会形成这一概念，是考虑到在老龄化与少子化问题日益严重的社会中，没精力或没能力去太远地方购物的人可能会越来越多，所以我们在这一假设的基础上，从消费者的立场思考问题，重新对7-Eleven做出了定义。

7-Eleven作为日本首家正式成立的便利店，理应不断提升便捷度。而老龄化与少子化问题的现状让我想到顾客也许会在生理或心理上希望便利店能成为更邻近的依靠。这一将心比心对待消费者的理念非常简明易懂，获得了全体员工的认可，让公司上下凝聚成了一股巨大的力量。

2011年3月11日发生东日本大地震后，加盟店和员工们，不，应该说是集团全体职员以"近距离的便利"为口号，发动全力帮助受灾地。7-Eleven"近距离便利"的定位让顾客在日常生活中习惯了它的存在。只要灾区内7-Eleven招牌的灯光还没有重新亮起，即使因地震引起的剧烈摇晃已经缓和了，顾客心中的不安也会因为"和往常不同"的感观而变得越发强烈。

实际上，顾客最迫切的期望是"7-Eleven门店能够继续开门营业"，为了响应他们的要求，除了完全因地震毁坏的门店外，我们尽可能地让便利店继续营业。**越是突发的状况，企业越是能验证自己长久以来践行的经营理念是否正确。**不仅是受灾地，当首都圈（包括东京都、神奈川县、千叶县、埼玉县、群马县、栃木县、茨城县和山梨县，共一都七县）对水和食品的供应也即将陷入供不应求的时候，我们依靠多年和生产商建立起来的信赖关系，委托全国各大工厂坚持全天24小时连续作业，为我们提供充足的货源。多亏了他们，在首都圈多家店铺连续缺货的情形下，我们的门店最早实现了充足备货。

受灾地展开重建工程的一片混乱中，我在想因为震灾而感到不安的居民们最需要的是什么。运送至各地的饭团、饮用水等救援物资应该已经到了灾民手中，但即使肚子被填饱了，依然不能消除内心的不安。

灾民在受灾地过着各种各样的日子，有人迫不得已在避难所生活，也有人能勉强待在自己家里，也许其中还有灾民因为没有得到充足的救援物资而在艰难地支撑着。考虑到这些，我认为当务之急是重整"购物的环境"，于是指示员工尽早让位于受灾地的各家门店恢复正常营业。

此外，我决定不对店内的布局做任何变动，还是像过去一样在货柜上摆满了丰富多样的产品，以此营造一种"能一如既往地在7-Eleven购物"的环境。听说之后进店消费的顾客都展开了难得的笑容。

在过去发生大地震时，我们也曾多次为赈灾奔走，但2011年的援助活动却具有特别的意义。那时已经把7-Eleven应有的经营姿态重新定义为"近距离的便利"，因此更加让员工们切身体会到7&I集团的使命正是支持消费者的"日常生活"。

无论组织的规模如何庞大，只要全体成员认准同一目标，就能凝聚成一股巨大的力量开拓前进的道路。

零售の哲学

1.坚持"假设－执行－验证"的流程，一定会有所收获。

2.明确当前的消费模式并非"多样化"的趋势，而是"统一化"的趋势。

3.不是"为了顾客"，而是要站在顾客的立场考虑。

第六章

经营理应"朝令夕改"

只有让人觉得新鲜和出人意料的产品才能吸引消费者的眼球。不过在消费饱和的时代，像过去一样只在表面做文章的"新颖"已不足以撼动消费者的心。除了对品质的严格要求外，还需具备绝无仅有的压倒性优势。我们必须明白，当今时代打造热销产品的难度正变得越来越大。

走近顾客

在7-Eleven将应有的经营姿态重新定位成"近距离的便利"后，为了实现便利店作为"生活基础设施"的新角色，我们开始驶向新的航线。在这一过程中，我要求员工坚决贯彻"贴近顾客"的指导方针。

在这之前，便利店主要依靠位于同一区域的常客维持经营。但是正如我经常提到的那样，日本的经济形势依然十分严峻，在消费市场尚未复苏的情况下，我们决不能束手等待。

不论是从心理上还是空间上，我们都应该主动积极地贴近顾客，从"等待型经营"转变为"进攻型经营"。

从心理上"贴近顾客"意为不能静止地在店内等候客人光顾，而应该不断推陈出新，以具有新鲜感、美味度及有益于生活的产品或服务设计促进买方的消费欲望。

只有让人觉得新鲜和出人意料的产品才能吸引消费者的

眼球。不过在消费饱和的时代，像过去一样只在表面做文章的"新颖"已不足以撼动消费者的心。除了对品质的严格要求外，还需具备绝无仅有的压倒性优势。我们必须明白，当今时代打造热销产品的难度正变得越来越大。

另一方面，空间意义上的"贴近"是指加强"送货上门服务"和"网络零售"，让顾客足不出户就能购买到我们的产品。

现代版"推销术"

根据日本经济产业省发布的"2011年度日本信息经济社会的基础建设（关于电子商务的市场调查）"来看，包括邮件销售在内的网络零售市场总营业额已经超越百货商场，突破了8万亿日元。据统计，日本的网络用户约有1亿人（日本2010年总人口为1.28亿），如果再加上使用手机及智能机上网的用户，总人数应该更多。由此可以预见，网络零售终有一日会赶越超市的营业规模。网络零售迅猛的成长势头再次提醒我们，如果经营思路不尽快从"等待型经营"转变为"进攻型经营"，势必会被时代所淘汰。

我从时代刚刚步入供大于求的"买方市场"开始，就认定商业经营应该由卖方接近买方，主动出击获得订单。今后必将成为由卖方"主动推销"的时代。我指示员工把这一变化作为7-Eleven的新经营政策，并鼓励各个加盟店大胆尝试。

有不少加盟店非常赞同我的想法，他们或主动拜访同一商圈的客户，询问有什么需要的产品，或是在店外开展宣传活动等，积极地贯彻了"进攻型经营"。我将在后文提到的"Seven安心送货服务"和"Seven轻松送货服务"也是主动接近客户的一种方法。其中，卖方以网络形式接触客户，取得订单再送货上门的服务就是我常说的"现代版推销术"。而我们今后所面临的重要课题正是该如何扩大这种网络零售，持续满足客户多变的需求。

在7-Eleven成立之初，有许多加盟店的原型是酒类专营店，为了让店长们改变过去的经营习惯，专注于新的零售模式，我要求他们不必像过去那样上门推销。然而到了今天我又做出了完全相反的指示，个中原因正如我反复强调的一样，时代在不断改变，既然当今市场是买方市场，那么卖方就必须主动接近买方，积极创造交易的机会。

社会情势的变化难以捉摸，不论过去下达了多么精妙的指示，我也会立刻回到一张白纸的状态重新建立假设思考。在这个日新月异的时代，经营也需要"朝令夕改"。

有些管理层认为，修正已下达给员工的指令是一件非常尴尬的事，但是如果社会形势发生了改变，修正航线自然不可避免。如果这时还固执地维持原先的判断反而会把企业逼入绝境。身为企业领导者，更需要及时发现细微变化，并有能力随时将计划调整为最优状态。

另外，现在我所开展的推销方法也和过去截然不同。以往的产品推销需要推销员一家家地跑客户，在交涉中取得订单，然后再配送产品，形式相对比较简单。然而现在我所要求的推销手段必须根据客户的生活、年龄、性别、爱好，甚至居住区域举办的节日庆典等所有相关数据，一一对应地分析客户需要怎样的产品或服务。

另外需要尤其关注的是，日本作为社会老龄化进程最快的发达国家，向老年人推销的必要性也会越来越高。由此可见，企业是否能探寻到顾客在日常生活中感到的不便之处，并思考对应的解决方法，将成为影响未来经营的关键因素。

各种各样的"送货"结构

我过去从"上门推销"的方式中获取了灵感,在2000年推出了"Seven Meal"的送餐业务。而在最近,为了消除"购物弱势群体"的不便("购物弱势群体"是日本特有的社会现象,指的是由于自身原因不能或者不便外出购物的人群。比如,行动不便的老人、新生儿的妈妈等),7-Eleven还发起了属于移动零售方式的"Seven安心送货服务"和使用传统快递方式的"Seven轻松送货服务"。这三种类型的送货方式都是在思考"顾客是否需要这样的服务""推出这样的服务是否会让顾客满足"的过程中诞生的提案。

近年来,有许多企业为了响应超级老龄化社会的需求,纷纷进军了快递事业。而其实7-Eleven早在十几年前就推出了会员制的外送服务,可谓是行业的先驱者。

我们的理念并不单纯地停留于"送货",而是向客户提供"安全、安心且营养均衡的菜式以及餐桌上必不可少的配菜等食品"。

7-Eleven每天的主打便当和配菜组合（售价为500日元）等菜单，为单身人士和老年夫妇提供了恰到好处的分量。我们推出的所有菜式都是由专业营养师挑选食材、精心搭配的健康食品，对热量和盐分有严格的把控，彻底做到了膳食平衡。老年人由于精力上的限制，很难每天烹饪营养均衡的三餐。而经由护理保险（指为那些因老年、疾病或伤残导致丧失日常生活能力而需要被长期照顾的人提供护理费用或护理服务的保险。老年人是护理服务的主要利用者。）上门提供援助的人员也只为参保人准备饭菜，并不会照料所有家庭成员的饮食生活。因此可以预测这种伴随超级老龄化社会出现的"饮食不便"现象将会变得越来越严重。为了解决这一问题，"送餐服务"有很大的存在价值。

另一方面，随着科技的发展，现在的很多老年人年岁已高却不服老，身心都保养得十分健康。所以相比送货上门，有些消费者或许更愿意去店内拿货。为了能同时满足"希望有人送餐到家"和"想要自己去最近的7-Eleven门店取餐"的需求，我们为顾客提供了两种收货选项，让消费者根据情况自行选择。

7-Eleven送餐服务的另一大优势是，可选择的种类并不局限于"护理食品"。健康的菜谱本身没有限定的受众群，无论男女老少都有相应的需求，并且我们也提供了丰富多彩的配菜和饮料选项。所以，参会会员中既有不少工作忙碌的双职工家庭，也有在都市打拼的年轻人为了让家乡的父母享用到安心、安全的三餐，而代为订购的案例。由此可以看出，送餐服务具有非常广泛的适用性。

不过我在推出"Seven Meal"的服务之前，实际却遭到了众人的反对。由于当时社会的老龄化程度并不像现在这么严重，市场上极少有商家愿意提供食品的外送服务。为此，大家都担心"老年人会不会来选购我们的外送便当"。

但根据我的推测，这项服务在不久的将来必定会为世人所需要。因为没有谁能阻止社会老龄化的进程，不便出门购物或独居的老年人一定会越来越多，所以送餐服务有着巨大的潜在市场。最后，我力排众议，坚持开发了Seven Meal的项目。

之所以能做出这一预判，是因为我发现社会中出现了下述三点变化的征兆。

1.由于社会老龄化和低生育率，老年人的数目正在持续增长；

2.由两三个人组成的小规模家庭数量呈现出逐年增加的趋势；

3.个人经营的商店不断减少。

从第一点——日本老年人持续增加的现象中可以预测7-Eleven的顾客结构也在向老龄化发展。也就是说，我们的顾客阶层正在发生改变。当人的年龄增长后，会更倾向于质地精细、口味清淡的食品。那么对中老年人而言，能将符合这些要求的健康食品送货上门的服务无疑是契合"便利"这一点的。

第二点是日本社会少子化和老龄化程度不断加深的特有趋势。一方面人口在逐年减少，另一方面晚婚和不婚的比例却越来越高，这导致由两三人组成的小规模家庭数量呈现出增长的趋势。当这些家庭在料理每日的三餐时，可能会因为无法一次性用完食材而觉得浪费，甚至有些家庭干脆觉得开火做饭是件很麻烦的事。

而第三点不仅是Seven Meal诞生的重要因素，也是我们想要推动外送服务的最根本原因。

小规模家庭希望购买到分量适中的食材，因此不会专程去超市进行大批量采购。在过去，能满足这种需求的商店街无处不在，小规模家庭可以根据人数购买相应的分量。然而，这样的中小型零售店在1982年达到数量峰值后开始逐年递减。到了2007年，与峰值相比，个人经营的中小型商店大约减少了60万家（数据来自日本经济产业省"商业统计"）。

我预计在不久的将来，工作繁忙的人和年事已高的老年人将更难有时间或精力为每天的三餐购买食材。因此，虽然当时有人质疑推出Seven Meal的时机，认为为时尚早，但我仍然坚持推行了这一决策。

在纷繁的数据和社会的各种动向中，早一步捕捉未来的可能性，思考"必须做出的应对"——这就是我经常建议员工实践的"突破性思考"。如果一味因循守旧，总是以昨日的经验为基础，势必无法打破现有的壁垒，获得开创未来的灵感。并且只有当你形成了对未来的构想，才会产生挑战的目标和意义。尝试转换角度思考问题，构思和企划能力都会慢慢地得到磨炼。而我们7-Eleven正是从"未来的可能性"中诞生的企业。

刚开始的几年内，送餐服务只在部分区域内提供。随后正如我们所预测的那样，人口递减的势头没能得到遏制，少子老龄化的巨大浪潮不断涌来，并且在超级老龄化社会中，购物方式也确实发生了改变。因此对于送餐这一极有价值的项目，我们分阶段地扩大了它服务的广度和深度。

7-11独门送货秘籍

Seven Meal服务将"送货上门"作为关键词，对价值500日元以上的订单采取了免费送货的战略。而这一战略也取得了预期的效果，Seven Meal目前以都市人群为主的会员数量共计约有40万人，并且每天都在刷新纪录，相信突破百万规模也指日可待。

在推出送餐服务十年后，我们又启动了使用丰田牌超小型电动车的"Seven轻松送货服务"（以下简称为轻松送）。几乎7-Eleven店内的所有食品和日常用品都能按照客户的要求送到家里或公司，并且原则上不收取任何运送费。

这项服务开始于2012年。那一年，日本社会进入了超级老龄化状态，7-Eleven的顾客平均年龄层也比十年前增长了近10岁，大约在40岁左右。因此，便利店不再像过去一样被视为"年轻人的专属领地"。

顾客使用"轻松送"服务，可以通过电话订购店内的产品，也可以在到店购物后向店员提出运送的要求。老年人中，有不少人为了保持健康，每天都会在饭后散步。他们告诉7-Eleven的调查员："常常在散步时顺道去便利店购物。"由此我们可以推测，"即使老年人在散步中空着手进入便利店，并购买了许多东西，也会因为有送货上门的服务而感到便捷"。无论是多么细微的服务，只要能让人感到"便利"，顾客自然会一而再再而三地光临。因此，"便利"可谓是成就事业的重要因素。

此外，在当今买方市场的时代，外送服务也是锁定顾客的有效战略。

7-Eleven的"轻松送"具有一个和其他竞争对手完全不同的优势，即由门店员工直接负责送货。

通常情况下，客户通过网络或电话订购后，负责送货的一般是和产品的生产与贩卖毫无关系的快递从业人员。消费者并不能看见"卖方的面貌"。但我们的"轻松送"则是由离客户家最近的7-Eleven，派遣常驻员工送货上门。熟悉的面孔能让客户消除对外送产品品质的疑虑，亲切的店长能让顾客在便利店购物后轻松地说出"麻烦之后送到我家"的要求——这种"熟悉的安全感"超越了单纯的"便利"概念，不仅能推动积极的消费行为，也强化了买方和卖方之间的信赖关系。

根据提供了这一服务的加盟店店主反馈，"轻松送"还具备许多派生功能，例如"通过这一服务能够快速了解附近顾客的需求，可以作为门店订货的参考项""送货上门时，有许多客户会追加新的送货要求，这样就保证了持续性的购物行为""送货的同时还能直接向客户介绍新产品和促销活动"等等。总之，门店的直接送货有助于店长更深入地了解客户需求，为促进下次消费创造机会。这也体现了"进攻型经营"的真正价值。

另外，预计在2013年度，我们将增加1200台用于"轻松送"的超小型电动车。

掌控网络＝掌控现实

近年来，在主动贴近顾客并挖掘新商机的同时，我还大力提倡了"网络和实体门店的融合工作"。

这不仅是7-Eleven，也是集团全体必须努力钻研，实现零售改革的课题。

网络零售的成长令消费者的消费模式发生了翻天覆地的变化。首先，过去的消费者必须走入商店才能了解产品情况，然而现在则可运用网络，事先查明相关信息后再进入实体店购买。以往通过生产商→批发商→店铺→顾客这一顺序传递的产品信息现在能从任何地方、在任何时间传送。而消费者则可以使用电脑、手机等工具，在任何时间任何地点获取信息。站在卖方的角度，灵活运用网络，可以一次性向多名客户发送产品信息，如果悉心钻研，网络一定能有助于实体店的运营。

总之，我们不要把网络零售视为竞争对手，而应该通过网络和实体店铺的互相融合，进一步拓宽经营的可能性。

我们的"Seven网络购物"除了提供最基础的"衣食住"类产品，还网罗了文艺和娱乐类商品，并且也能联合伊藤洋华堂的网络超市和崇尚·西武的网络百货。目前我们正在努力开发更全面的网上服务。

例如顾客从呈现于网站页面上的几百万种产品中挑选的款式、选择的理由，以及我们以此为起点可以拓展的事业，正是我们在研究的项目之一。

我们曾做过一个实验：选取"Seven网络购物"上热销的产品陈列于伊藤洋华堂的几间实体店铺，观察会发生怎样的情况。

结果发现，目标货柜上的销售效率竟然比其他货柜高出30%。我们选择的产品是在网络热销的农家调味料和各种加工食品，因为并不是消费者熟悉的主力产品，所以过去从没有尝试在实体店内销售。也就是说，实体店铺无法掌握的顾客需求，却可以通过分析"网络热议话题"和"网络热销情况"这些新型数据入手。

而网络虚拟店铺带给实体店铺的影响，并不仅仅局限于直观的"促进产品销售"。

2011年，我们集团开始在东京23区的7-Eleven、伊藤洋华堂、崇尚·西武及Denny's等各家门店提供名为"Seven Spot"的免费WiFi服务。只要注册成为Seven Spot的会员，就能在对应的门店中免费使用高速的WiFi网络，并且率先获得各种新产品及折扣促销的活动信息。

站在我们的立场来看，Seven Spot也有助于企业的推广。例如，告诉客户通过7-Eleven门店的Seven Spot能免费获得在崇尚·西武举办的活动入场券。这就是以网络为媒介，把便利店的顾客引导至百货商场的方法。

总而言之，根据不同的活动设计，利用网络能在集团内的店铺间实现对顾客的相互引导。

顾客被成功引导至目标店铺后，产生消费行为的概率往往非常高。很少有顾客在7-Eleven什么都不买，只站在那里埋头使用Seven Spot。如果是Denny's的话，顾客只要进入门店在餐桌前坐下，就一定会拿起菜单点餐。

另一方面，如果想彻底提升门店的营业额，也不能忘记要不断地改善实体店铺的产品品质和服务价值，因为这才是零售业的根本所在。

利用Seven Spot吸引顾客、促进销售；在店内陈列独创的产品，努力提高服务与品质——像这样双管齐下必能成功获取理想的收益。

　　我经常对员工强调"网络与实体店相融合"的重要性，也可以说掌控了网络即等于掌控了现实。

　　不论是网络还是实体店，7-Eleven灵活运用了集团店铺间的协同作用，保持着稳步前进的势头。同时，作为"下一代的便利店"，现在也是它扮演新角色的时候了。

作为"生活基础设施"的新角色

不论在过去还是现在，创造"新服务"是我们永恒不变的重要任务。既然7-Eleven实行了贴近顾客的市场战略，那么今后理应不断地实现作为"生活基础设施"的各项功能。

前文提到，个人经营的商店数目正在锐减。而与此同时，政府机关的分所、邮局以及派出所等与居民生活密不可分的设施，也出于节俭经费等原因正在逐年递减。那么论及能代替一直以来的"生活据点"，在未来发挥"生活基础设施"功能的店铺，首先进入视野的正是最贴近居民生活的便利店。

例如在发生大地震时，我们承接了各地方政府的要求，倾全力投身于灾区重建的支援活动。因为事先与地方政府签订了突发状况下的支援协议，所以在灾情发生后，我们能够快速启动应急机制，有条不紊地展开救援活动。身为被社会所需的重要角色，7-Eleven肩负重担，有责任和义务根据社会和时代的要求不断作出革新。

2010年，7-Eleven各家门店开始运用多功能复印机发行"身份证明复印件"和"印鉴登记证明"。有了地方政府的合作，顾客能在全国任何一家7-Eleven打印证明件，是一项十分方便与快捷的服务。在未来我们将与更多的地方政府合作，为顾客带来更多便利。

而在日常的服务项目中，不仅有公共事业费用的代收服务、税金的缴纳服务，根据区域不同，有些门店甚至还设有休息区，顾客可以灵活地利用这块区域，或是买杯7-Eleven的现磨咖啡稍事小憩；或是买些小吃便当直接坐在店内用餐——也许未来人们会希望便利店可以提供更大的空间，让更多人聚在一块儿。

不仅是购物，7-Eleven的服务项目可谓应有尽有：例如通过ATM取款、使用免费的无线网络、复印住民票等。作为居民的生活支援基地，我们在今后也将继续拓展各项便民的服务。

零售の哲学

1.从"等待型经营"转为"进攻型经营"。

2.成为有创新能力的推销员。

3.尝试网络与实体店铺的相互融合。

第七章

"应对变化"是基本原则

今后无论是超市还是百货商场，都应该彻底挖掘目标顾客的需求，关注时代和社会的变化，创造出独一无二的产品。如果不能构建出差异化的商业模式，企业的生存也将成为问题。

理解"现在应该做的事"

在前文中，我讲述了三点7-Eleven能够保持稳步成长的理由：坚持应对社会和时代的变化；全体员工时刻保持发现问题的意识；建立假设，挑战各项业务。

虽然从没有特意回顾过往昔，但仔细想来，我50年的职场生涯亦是如此。无论面临多么大的困难，我都会从不同的角度寻找解决问题的切入口，接连发起新的挑战。同时保证在工作的每一天，踏实勤恳地完成自己应该做的事。

身为7-Eleven的经营负责人，我一直谨记着"企业也会有呈现老态的一天"。

经营陷入低谷的企业基本具有两个明显的特征。

1.沉迷于过往一帆风顺的成功经验，永远都不愿做出改变。

2.一味想要出奇制胜，却目光短浅，只顾眼前利益。

　　具有第1类特征的企业，是因为忽视了消费者需求的变化而被市场所淘汰。世界的变化令人眼花缭乱，今天的热销品到了明天可能已被消费者遗忘。如果明白这层道理，也自然会理解经营的方式决不能故步自封、一成不变。

　　具有第2类特征的企业最近变得越来越多。处于物质过剩的年代，消费者确实会对新鲜和少见的东西感兴趣，产生消费欲望。但在另一方面，他们却远比卖方想象的更加喜新厌旧。追求标新立异虽然能获得一时的利益，但如果不以本职工作为核心，脚踏实地地经营，企业将难以维系长远的发展。

　　企业若是在成长过程中忽视了"当前的应做之事"，必定会给自己带来致命的影响。地球上的一切生物都遵循从青壮年逐渐步入老年的自然法则，企业亦如此。如果作为经营的负责人能够看清楚这一点，自然能根据现状，做出"和企业年龄相符"的决策判断。

　　不过，"衰老"的方式也随时代发生了改变。现代的老年人极为讨厌"Senior（前辈）"的称号。事实上，现今关心时尚和美容的老年群体愈发庞大。他们注重仪表的整洁端庄，认为自己尚还年轻，总是保持充沛的精力和积极的心态。

同样，企业也应该以积极的心态面对"衰老"。

无论是属于哪个行业的企业，如果失去了朝气蓬勃的精神，困在过去的辉煌中任由"年华老去"，那么经营也将随之走向穷途末路。所以我认为，作为企业的领导人，工作的关键在于经常让组织保持年轻的心态。

美国南方公司的衰败

在企业年龄的增长过程中，除了持续维持组织的良好状态，有时也会面临不得不重新做出大型改造的局面。

"能否请贵公司接管我们？"1990年，美国南方公司的董事长在夏威夷直接向我们提出了收购的请求。

当时，我与其他董事会成员正在参加南方公司转让58家7-Eleven夏威夷门店的纪念仪式。其间，对方公司的负责人提出有事需要与我们商议。

1990年，日本地区的7-Eleven总门店数即将突破4000家，正准备在独立构筑的"制造·配送·零售"体系（制造＝生产商，配送＝中间流通、批发，零售＝贩卖）之上，以提供更优质的产品和服务为目标，创建新的流程和业务运营方式。

与此相比，在1980年后，美国南方公司的经营路线却和一切以顾客的需求为转移的日本7-Eleven背道而驰。所以，当听到对方希望日本方面全权托管的提议时我也并不意外，倒不如说之前早已有所预感。

1927年，美国南方公司诞生于得克萨斯州，最初是一家在全美各地开设连锁店铺的制冰公司。在这一过程中，一个店铺的经营者接受了顾客的意见，在店内卖冰块的同时销售一些面包、牛奶等食品。结果这一模式大获成功，被总部全面推广至全国。由此形成了"便利店"。

在过往倾听消费者心声的经营时代，南方公司的便利店营业额节节攀升，频创佳绩。然而伴随美国都市化的进程，南方公司将门店覆盖全美，成就了世界最大的便利店连锁品牌后，却逐渐改变了经营路线。

在我们看来，南方公司的经营状况确实陷入了困境。造成这一点的关键原因在于他们并没有看清事业的本质。

当然，南方公司出现经营不善，并不只有主营业务7-Eleven便利店层面的问题。美国社会产业结构变迁的影响，多元化扩张遭遇滑铁卢等多个问题的同时爆发也是不小的因素。

过去我每次参加日美7-Eleven的高层见面会时，都会听闻南方公司又在新事业中崭露头角的消息。

他们在公司总部的所在地，得克萨斯州的达拉斯买下了相当于14个东京巨蛋体育馆大小的土地，进军了新市中心的地产开发事业。由于NASA（美国航空航天局）也位于得克萨斯州，南方公司非常看好当地为NASA宇宙中心供货的电子产业和其他一些关联新兴企业的成长势头。

另外，由于美国的7-Eleven便利店的门店多附设于加油站附近，所以南方公司对石油提炼也有所涉猎。因为当时有不少加油站的运营方开始涉足零售业，所以这也是他们采取的抗衡策略。

然而，1986年，石油价格暴跌，南方公司不得不放弃了初具雏形的事业蓝图。同年，美国挑战者号航天飞机在起飞后发生爆炸，机组成员无一生还。这起航空业界的悲剧事件让美国的宇宙研发计划暂告冻结，多数有事业往来的新兴企业因此关门大吉。这间接导致了当地地价的直线下跌，令南方公司的房地产事业宣告触礁。

祸不单行，第二年，市场投机力量开始对濒临危机的南方公司运作收购。为了对抗恶意收购，南方公司的经营人家族以LBO（杠杆收购，公司或个体利用收购目标的资产作为债务抵押，收购另一家公司）回购了自己公司的股票，并选择摘牌退市。

同时，为了减轻短期贷款的负担，美国南方公司决定发行公司债券，结果却适得其反。发行公司债券不久后，纽约股市出现大崩盘，并对全世界的股票市场产生了"多米诺骨牌"效应。多地股市均受到强烈冲击，股票跌幅高达10%，这一天被世人称为"黑色星期一"。

因此，南方公司的债券自然很少有人问津，令其不得不提高回报率，导致利息的负担越发成为经营的阻碍。在即将被逼入绝境的时候，南方公司向我们寻求支援，首先转让了夏威夷的店铺。

然而此举不足以缓解南方公司所面临的危机，最后他们不得不向我们提出了全面托管整个公司的请求。

导致南方公司经营不善的直接原因或许可以归结于多元化扩张的失败。但是，根据我在美国7-Eleven门店内亲眼目睹的情况，主营业务的脆弱性才是其事业失败的致命根源。

飓风铃木来了

美国南方公司经营状况恶化的导火线在于打折促销政策。20世纪80年代，美国超市推出了强劲的打折促销活动，便利店也紧随其后，加入了这股热潮。结果却被卷进价格战，陷入难以提高收益的恶性循环。同时，多元化扩张策略的失败更是雪上加霜，加速了南方公司的破产进程。

不只是美国南方公司，在当时的美国，Circle K等一些连锁便利店也同样身陷危机，媒体甚至宣称"便利店时代已走到了末路"。但是我并不同意这一论调，如果美国的7-Eleven能结束低价折扣策略，使用日本一直在执行的方法，积极响应各地消费者的需求变化，建立应急机制，那么经营恢复至正常轨道也不是完全没有可能的。

最终，我接受了美国南方公司董事长的请求，决定对其公司展开收购。我向当时对此事持保留意见的伊藤雅俊社长分析说："收购行为虽然需要640亿日元，但在这一现金流范围内，即使满盘皆输也不会动摇我们集团的经营根基。"并且我还保证了两点："第一，集团绝不会再为此追加一分钱；第二，万一失败了，虽然社长会被第一个问责，但我愿意和您一同承担。"在我的劝说下，伊藤社长也同意了收购计划。

1991年3月，我们收购了美国南方公司70%的股权，参照日本7-Eleven的商业模式对其进行重组改革。许多媒体将这一事件报道为"日美的大逆转"。

为了重组南方公司，我增加了出差美国的次数。在巡视了当地的门店后，我发现不仅产品的陈列方式犹如无人管理的仓库般杂乱无章，缺货的情况也十分严重。如果我是顾客，看到这样的便利店，也绝不可能再来光顾第二次。

因此重组的第一步，必须要改变一直以来的固有的工作方式。

但是，当地的经营管理层却怎么也不愿接受我的建议。无论是在日本或是美国，对改变既定工作方式的抵抗基本如出一辙。

面对企图逃避现实的管理者，我有时会恨铁不成钢地严厉劝说他们。因为我知道既然真心想要重整旗鼓，就必须经历一次"破坏性"的巨大变革。

实际上，因为我始终贯彻了打破一切，重建新组织的经营姿态，所以每当我到美国公司视察时，员工们都会说"飓风·铃木"又来了。而那时我的决心也确实像"飓风"一样坚决。

开始援助并重建美国南方公司（1991年3月）

也让临时工负责订货

我发现门店无法提升利润的另一大原因是，最贴近顾客的店铺居然把订货这一重要环节交由他人负责。

门店的员工不负责采购订货的缘由有两点：

1.是由于南方公司拥有几个大规模的配套物流中心，并且各个中心都采用独立核算制，所以他们通常会大量采购产品，按照自己的想法直接"强塞"给各家门店销售；

2.是因为生产商和批发商的"巡回销售（Route Sales）"。这种渠道服务来自美国的连锁店理论，在零售业内被视为理所当然的通行做法。而对店铺而言，不用自行订货产品就会自动上门，便习惯于这种方便又合理的做法。

我对这一现状实行了180度的大改革。采购订货是店铺的特权，**只有让最清楚消费者动向的一线员工决定采购怎样的产品、采购多少数量，并实行自主订货，然后有责任心地销售自己所订购的产品，才能获得可观的利润。**

我反复强调这一点，并在美国推行了"单品管理"制度。在引进POS系统之前，我让店员们每天分早晚两次手工记录下陈列的产品数量，借此让他们学会把控销售情况，了解什么产品畅销，什么产品滞销。当他们彻底掌握了这一能力后，我正式导入POS系统，进一步提高单品管理的精度。

利用POS系统获得了销售数据后，美国7-Eleven也和日本一样，针对每一件产品当日的销量情况验证前日的订货假设，再建立第二天哪种产品会热销的假设，以此为基础采购订货，接着再通过第二天的实际结果验证假设的合理性。就这样，单品管理的流程正式在美国展开了运作。

坚持重复这一流程不仅有助于提升门店的营业额，更重要的是提升了店内员工的主观能动性，改变了他们对待工作的态度，这才是让濒临绝境的店铺重获新生的关键所在。

尤其在美国，被门店雇佣的临时工，只需按照员工手册做些单一的杂活。店长根本不会委派他们负责诸如订货采购的重要工作。我推翻了这一规定，让平时经常站在收银机前的临时工也有订货采购的权限。原本他们只能按照上级指示做些简单工作，现在也可以挑战自我，开动脑筋寻找产品热销的原因，进行解决问题的"真正工作"。虽然增加了工作上的负担，但也让员工萌发了对工作的热情，理解了工作的价值。

日本也同样如此，当店内的员工充满热情和工作干劲时，加盟店自然更加能吸引顾客进店消费，利润也随之产生。

当看到一家店铺的改革出现了成效，一开始持反对意见的店长们也迅速改变了既定的做法，由此在美国门店间形成了良性循环。

如此，我不仅改善了门店的运营情况，还打包出售了前文提到的物流中心，将物流工作全部外包，最终实现了经营层面的合理性。

只要坚持"应有的工作态度"，就能绝处逢生，转变为稳步成长的企业——我想这证明了经营的基本原则能适用于任何一个国家。

7&I控股集团的起航

再把话题转回日本，在我执掌经营的过程中注意到，作为子公司的日本7-Eleven，市值竟然超过了母公司伊藤洋华堂。

和时刻响应时代需求，保持稳步成长的7-Eleven相比，伊藤洋华堂自进入1990年以来一直苦恼于业绩的止步不前。面对消费逐渐饱和的市场，伊藤洋华堂难以舍弃过去在大型超市鼎盛期的成功经验，导致公司无法从容应对时代的变化。即便如此，伊藤洋华堂还能通过共同结算方式获得相应的分红，这造成了与实质不符的过高估值，长此以往必然存在隐患。

2005年1月4日，我在向全体员工发表了新年致辞后，立刻召开紧急会议提出架构重组、成立控股集团的决定，并命令他们立刻建立日程表执行。

虽然事发突然，大家都感到非常惊讶，但这其实是我深思熟虑的结果。因为有股票周转率等各种复杂的手续，下属提交了时间表称勉强可以在9月召开临时股东大会。但我认为越是大型的计划，一旦决定实行就越应该注重速度。因为没有人可以预计下一秒市场会产生怎样的变化。

因此，我并没有接受9月的预定时间，严令员工必须在5月就召开第一届股东大会。我相信既然决定了挑战，就一定能更快地完成。

同年9月1日，"7&I控股集团"顺利成立。"7"代表了包括便利店、超市、餐厅等在内的7大业务领域；"I"则是Innovation（创新）的首字母，也取与"爱"同音之意。之所以把各领域的实业公司全部编入7&I旗下，目的在于让他们能专心发展各自的业务。

当初，百货领域并没有被划入7&I集团。现在也经常有媒体记者询问我："百货商场还有存在的必要么？"我给出的回答是"Yes"。个中原因在于日本特有的消费结构。

欧美各国的消费模式有明显的阶级划分，中高层阶级大多在高级百货商场购物，普通人则常去购物中心（Shopping Mall）。与此不同，日本的消费者则是根据自己的需要选择进入百货商场、超市、专卖店或便利店购物。

正如前文所言，虽然现在的生活富裕，物质充足，但日本的消费者依然存在心理上的不安感，可谓是全世界最难应对的顾客。为了满足消费者的复杂需求，流通行业的最优策略应该是结合各大业态，形成综合性企业体发挥协同效果。

虽说如此，第二年收购Millenium Retailing,Inc.（即现在的崇光·西武有限公司）的行动实际并非是筹谋已久的决定。起因是曾负责重组崇光百货的Millenium Retailing社长和田繁明先生，对我们的控股集团给予了很高的评价。

过去我就很佩服和田先生表现在重组百货商场上的出众才能，也曾受他邀请办过几次演讲会，所以能理解他在流通行业为Millenium Retailing寻找长期股东的想法。就这样，经过几次会面交谈，我们迅速达成了共同合作的意向。我想这也算是缘分使然，如果控股化操作的时机稍有推迟，可能将失去与和田先生合作的机会。虽然我在经营上看似是个急性子，但实则是想在有利的时机和条件下趁热打铁的缘故。

2006年6月，我们完成了对Millenium Retailing的子公司化，实现了经营整合。此后，也陆续完成了对经营食品超市的约克红丸和美国7-Eleven,Inc.的100%子公司化，成为了年度营业额高达9万亿日元的全球性大规模流通集团。

为了持续保持企业的活力，我认为必须以激烈的手段进行彻底改革，将各个企业改造成更具有灵活性的组织。

超市和百货商场的改革

激烈的改革进程还在继续。从2012年起，我们开始致力改变伊藤洋华堂的经营管理体制。"因为被同属一个集团的便利店分走了客源""因为经济不景气顾客不愿消费""因为业态不同"等等，这些借口都不能构成业绩不良的理由，经营不善与超市或者百货商场的业态并无任何关联。现在，7-Eleven独占集团整体营业利润的70%以上。7-Eleven能做到的事，其他的业态为什么不能实现？这才是业绩不良的根源所在。

这里我又要再次强调，7-Eleven之所以能保持稳步的成长势头，是因为它能积极应对各种变化的缘故。针对社会和消费者需求的变化，主动挖掘潜在市场，推出相契合的产品和服务，并经过长年累月的坚持才会有今天的成就。

以伊藤洋华堂为例，不得不说它至今从未践行过类似于

7-Eleven的经营理念。我在第一章曾经写道，超市是在卖方市场的最高峰时期成长起来的行业。它的成功经验是只要向批发商订购产品，并陈列于货柜就不愁销路。过去辉煌的时代旷日持久，让伊藤洋华堂在不知不觉中产生"不用采取任何策略产品就能热销"的错觉。因此，为了集团能适应竞争激烈的时代，我决定先拿伊藤洋华堂"开刀"。

重组美国南方公司时我曾说过，**决定事业成败与否的关键因素在于"人"**。要想掀起"改变"的浪潮，比起大刀阔斧的推翻一切，大胆地转换"思维模式"才是推进改革的第一步。

因此必须重新审视伊藤洋华堂的经营状态，发起新的挑战。我们首先对销售方式采取了巨大的改革，由一直以来的"自助服务"转变为"注重待客的服务"。

改革的重点在于"增加临时和专职员工"。举例而言，现代社会家庭的平均规模较小，过着单身生活或二人世界的顾客们在想买鱼的时候，点名要了1或2人份的生鱼片拼盘。这时，有剔骨切片技能的专职员工就会当场满足顾客的要求。像这样，伊藤洋华堂凭借店内员工不同的专业能力，不断提高了待客的质量。此外，为了促进员工的工作动力，我们还根据个人技能的水平高低制定薪水制度。各种措施多管齐下，让改革的成效一点点地显露了出来。

总之，我们的目标是把经营方式从过去的"以产品为本"转变为"以人为本"。由于运用了"减少正式员工"这一独特的策略，施行之初引起了外界的广泛关注。

但是，我的本意正如前文所言并不是为了大量裁员。实际上，许多伊藤洋华堂的员工为了积累更多的经营经验，自愿申请调往开店频率不断加速的7-Eleven。超市和便利店虽然是两种业态形式，但同属于零售业。这样，精通销售的伊藤洋华堂员工在7-Eleven一样能触类旁通。

再者，被调往7-Eleven后，不论是成为支持店铺运营的店铺经营顾问，或者干脆自己担任加盟店的店长，之前的经验和长年培养出的经营直觉都会有用武之地。虽然伊藤洋华堂和7-Eleven同属一个集团，但相互之间很难了解对方的经营理念，而调派员工的方法也能让他们亲身体验与以往不同的商业模式，产生思维的碰撞。有部分被派往自有品牌产品研发小组的伊藤洋华堂员工在实际参与项目后，都惊讶于7-Eleven的产品研发能力，连连称赞："真厉害！"我告诉员工，如果觉得厉害，就应该去分析具体是哪里厉害，并思考伊藤洋华堂如何才能做到这一步。

正如我在第四章所说的那样，汇集各领域最好的产品研发团队，并不是区区一两年就能成功建立的组织。但是时刻保持问题意识，以时代和消费者需求的变化为基础，建立假设进行挑战，再验证结果的单品管理，却是放之四海皆准的经营手法。

此前，我已反复指示伊藤洋华堂也应该执行这一"经营之道"。虽然每次都得到了肯定的答复，但最后却总是不了了之。于是，这次的改革终于真正将单品管理运用于实际之中。

过去被重组为子公司的美国7-Eleven目前正积极运用着单品管理，业绩由此得到了大幅提升。可见，只要努力终将会得到回报。

理解每个时代的顾客需求

不仅是伊藤洋华堂，我还将单品管理的方法贯彻在了对百货商场的经营上。百货商场作为中高端的购物场所，更容易把不景气当作业绩不良的借口。但不论是便利店、超市还是百货商场，面对的都是同一个市场。所以在急着为自己寻找借口前，不如先认真思考："同样身处消费饱和的严峻环境，为何便利店能实现增长，而超市和百货商场却不行？"

过去我曾视察过几个百货商场，立刻发现了造成其业绩低迷的端倪。当时，国外的高级品牌为了在日本的百货商场里拥有分店，基本都采用了场地租赁的方式，这样一来，无论去哪一家百货商场，看到的都是差不多的品牌和差不多的产品。这在买方市场的时代中，显然无法满足消费者对产品新颖度和附加价值的要求。

今后无论是超市还是百货商场，都应该彻底挖掘目标顾客的需求，关注时代和社会的变化，创造出独一无二的产品。如果不能构建出差异化的商业模式，企业的生存也将成为问题。

正如前文所言，消费者追求的是产品的"价值"。只要留意这一点，正确抓住每个时代的消费者需求，势必能不断推出热销产品，通过努力成为"受顾客青睐的店"。

目前，伊藤洋华堂和崇尚·西武百货正参照7-Eleven的商业模式进行改革，在点滴的蜕变中已经初显成效，相信未来一定会完成更显著的进化。

另一方面，我也不曾想过7-Eleven可以永远保持现状。无论何时，妥协松懈之际便是其终结之时。今后，7-Eleven还有很广阔的成长空间，只要时代还在继续变化，我们就没有时间和理由停下脚步。

撰写本书的过程中，有位记者朋友问我；"如果只用一句话概括，你会如何形容7-Eleven？"

我回答道："7-Eleven是一家不断主动做出改变的公司。"

零售の哲学

1.经营的本质无论在哪个国家都大同小异。

2.改革要从全盘否定开始。

3.妥协即是终结。

第八章

打破"常识"

采取海外战略的过程中，我们十分注重联合全世界7-Eleven的力量共同合作。我猜想读者中有许多人在出国旅游或者出差国外时都曾看到与日本有相同广告牌的7-Eleven门店吧。目前，7-Eleven在全球16个国家和区域都设有加盟店，2013年的春天，全球门店总数已超过了5万家。

下一个舞台是世界

在前面几章，我介绍了自身对经营的一些思考以及7-Eleven的成长历程。而在这最后一章我将重点谈一谈7-Eleven的未来。

我并不能百分之百肯定7-Eleven在未来也能一如既往地保持成长的势头。但是我相信，只要我们坚持40年以来一切以顾客需求为转移的经营宗旨，主动挖掘潜在市场，那么7-Eleven必定还有很大的成长空间。

7-Eleven便利店的下一个舞台将是世界。面对少子老龄化的社会问题，日本企业逐渐把经营放眼于海外的巨大市场，接连走出了国门，由此可见企业实行海外战略是一个明显的趋势。

与此同时，我们也不曾放松对日本国内的战略，2013年3月，7-Eleven首次进驻日本的四国岛。可能读者在阅读这本书的时候，进驻四国已经是很久以前的新闻了，这一过程让我们更清晰地了解到"便利店在地方居民眼中的存在价值"。

为何之前从未在四国开店

在四国开设第一家加盟店之前，媒体刚刚报道了日本7-Eleven的门店总数突破1.5万家的新闻。有许多人听到这个消息的第一反应就是："作为业界开店数最多的连锁便利店，日本怎么还会有地区没有7-Eleven呢？"

2013年4月，7-Eleven便利店仍未进驻的地区有爱媛（预计2014年开店）、高知（预计2016年开店）以及青森、鸟取、冲绳（开店时间未定）5县。

管理干部以初次进入四国为契机，在当地汇集各大媒体召开了新闻发布会。发布会上，大家都关注了同样一个问题——

"过去为什么不选择在四国开店？"也有记者不客气地问道"其他连锁便利店的足迹早已遍布全国，为什么唯独身为龙头老大的7-Eleven落在了后面？"又或者"四国地区目前约有1200个便利店，市场竞争激烈且基本处于饱和状态，7-Eleven还有必要蹚浑水吗？"

我曾多次强调过："世界上没有两个完全一样的便利店。因此目前的这个行业不存在饱和一说。"相信未来四国地区的消费者们将会以实际行动诠释我这句话的涵义。

最先在四国建立的两家7-Eleven便利店位于香川县和德岛县。因为这两个区域的电视经常播放关西电视台的节目，所以当地居民们通过广告宣传，早就对7-Eleven耳熟能详了。甚至常有人给我们总部的客服打电话、发邮件，抱怨说："为什么不在我们这里开店呢？"

实际上进驻四国的计划早已被我们提上了日程表。但是，在同一区域零散地开设一两家便利店与我们的战略并不相符。创业以来，我们始终贯彻密集型选址战略，在第一章我也曾说过，**比起提高门店在全国的覆盖率，我们优先考虑的是如何保证每个门店的产品和服务品质。**

因此，在供应链的各环节（指生产的产品从制造商到消费者手中的一系列工序）没有成功完成衔接之前，7-Eleven绝不会盲目开店。即使当地人口增加、街市上形成了繁华的商圈，只要专属的生产工厂没有竣工，就无法保证便利店能够持续为消费者提供高品质的产品。

再者，为了确保店内食品的新鲜度，我们只在距离专用工厂3小时车程以内的区域设立门店。**制造、配送和贩卖三个环节环环相扣，任何一环出现问题都会对产品品质产生较大的影响。**

因此，当这些准备工作一切就绪后，我们才正式决定进驻四国地区。

（注：截止到本书出版前，7-Eleven已在日本全国43个都道府县开设门店，目前尚未进驻的县仅剩高知、青森、鸟取及冲绳4县。）

打造贴近居民生活的便利店

我们从未设定过覆盖全国市场的目标。与此相比，我们更加注重提供高品质的产品与服务，做到无论何时何地都能回应消费者的期待。如果把"称霸全国"作为目标，在准备不够充足时匆促建立门店，不仅可能让期盼已久的地方居民大失所望，企业品牌多年积累的信誉也会受到负面评价的影响。

便利店行业与人们的生活息息相关，一旦失去了信任，很难再恢复到昔日的水平。因此无论对产品、服务还是店内的运营，我都坚决不允许有一丝马虎或妥协。

此外，比起竞争对手的动态，更需密切注意的应该是"顾客的需求变化"，所以，即使四国已经有成百上千家先于我们开设的便利店，对于7-Eleven而言也全然不是问题。

我们的使命是专注于地方居民的需求变化，尽全力打造最优化的门店。

实际上，我们还把便利店开在了高松市内的商店街上，商店街职工工会的成员们并没有把7-Eleven视作竞争对手，反而期待着便利店能为商店街吸引更多客源，因此非常欢迎我们的到来。

40年前，我以创造小型零售店和大型超市共存共荣的商业模式为目标，一手创办了7-Eleven。而在今后，我们也将和城市的商业街共存共荣，这种携手各类店铺齐头并进的经营理念将会长久地传递下去。

与其他区域相同，建立于四国的门店力求凸显地域特点，满足当地消费者的需求——例如"老年人的购物难"或"附近缺少能购买生活必备品的商店"等类似的问题和要求。

随着社会老龄化问题的不断加深，城市中鳞次栉比的便利店为市民带来了便捷。与此相比，许多地方城镇的商店稀少，令许多居民很难在步行范围内找到购物点，生活大为不便。这一现状越严重，7-Eleven越能发挥身为"生活基础设施"的作用。

未来，我们周遭环境的变化将演变得更加激烈，因此，7-Eleven必须灵活应对各地居民的生活特点与需求，进一步优化加盟店的经营战略。

熟悉当地人的饮食偏好就能"称霸世界"

采取海外战略的过程中，我们十分注重联合全世界7-Eleven的力量共同合作。我猜想读者中有许多人在出国旅游或者出差国外时都曾看到与日本有相同广告牌的7-Eleven门店吧。目前，7-Eleven在全球16个国家和区域都设有加盟店，2013年的春天，全球门店总数已超过了5万家（截止到2013年3月，7-Eleven在日本、美国、韩国、泰国、中国内地和台湾、墨西哥、马来西亚、菲律宾、澳大利亚、新加坡、加拿大、丹麦、瑞典、挪威和印度尼西亚共计有50254个门店）。

其中，中国部分区域的加盟店和美国的所有门店由我们直接参与经营，其他门店则和2005年完成了100%子公司化的美国7-Eleven,Inc.签订了特许经营许可合同。

美国7-Eleven，Inc.自1991年重组以来，坚持实践"日式经营"，不仅业绩上扭亏转盈，在北美开设的门店总数甚至突破了1万家，各方面都取得了显著的成长。除了美国，由日本7-Eleven总部直接参与经营的国家和地区，其便利店的日均营业额也高出了其他区域一大截。未来，我预计在全世界范围的门店内推广日本的经营结构和策略，不断强化全球7-Eleven加盟店的实力。

近年来，不仅是便利店行业，日本的许多服务业也正加速开辟海外市场。虽然在进驻海外时，适应本土化的"入乡随俗"是赢得市场的一种手段，但作为零售行业，每个国家的运营本质基本不会有太大差异。

捕捉目标国家的社会形势、居民生活需求的变化，提供与之相契合的产品和服务——7-Eleven这一"应对变化"的经营策略可谓放之四海而皆准。

美国南方公司自从交由我们托管经营后，美国事业部在产品研发、店铺运营等环节统一引进了日本的工作方法，结果加盟店业绩突飞猛进，取得了空前的效益。

其中以"日本的基础产品"为例。所谓"日本的基础产品"是被称为FF（Fast Food）的关东煮、油炸小吃、便当、饭团等产品。总之是即使每天吃也不会腻的"日常食品"。当把这类产品应用于美国市场时，就置换成热狗、三明治、薯条等快餐。在完善这些快餐的口味、提高了产品的品质后，美国的消费者也会从众多商店中选择进入7-Eleven消费。

中国的市场亦是如此，第一步是要深刻理解当地人的饮食习惯与偏好。在进驻北京前，我们彻底调研了当地居民的饮食风格，掌握到他们习惯吃热乎乎的现煮食物。

然而既有的便利店中却完全没有陈列便当、配菜等食品。另外，产品种类也没有反映出顾客的偏好，只摆放了一些常温下保存的食品。这样一来就不能提供符合当地顾客需求的"美食"。因此，我们填补了这一产品空白，在7-Eleven门店内推出了"现场烹饪"的服务。

放眼现在，便利店内的"现场烹饪"是比较常见的服务。但在我们2004年进驻北京时，除了7-Eleven，没有任何一家便利店能直接在店内烹饪热乎乎的中式料理。当时，要取得使用明火的经营许可证非常困难，我们努力了多次都碰了壁。但是**如果经历一两次失败就轻易放弃，那么经营将无法持续**。我们想尽一切办法，终于找到了解决方案——由专用工厂的中央厨房统一将切好的食材和调味品配送到各家店铺，便利店只需在小厨房内完成加热操作即可，这样一来我们终于推出了包括十几种配菜在内的现煮食品，并且还成套售卖搭配米饭与汤的独创便当。得益于北京的成功经验，我们相继在上海等其他城市也推出了符合中国顾客"日常用餐以热食为主”这一饮食文化的产品。

让我们在众多实行海外策略的便利店中脱颖而出的另一个原因是，负责运营7-Eleven专用工厂的供应商也与我们携手走出了国门。常年合作的供应商非常理解7-Eleven的企业理念，深知我们对食品的高要求，所以无论进驻哪个国家，生产方都和我们一样具有坚持产品品质、绝不妥协的严谨态度。

在迎接全球化的挑战时，卖方和生产方共同开拓海外市场的模式将成为7-Eleven的绝对竞争优势。

从日本本土产品研发走向全球化研发

近年来，日式产品的研发基准逐渐从本土化演变为全球化。当日本本土综合众多专业人士智慧、共同研发产品的经验走向世界时，7-Eleven的成长舞台将变得更为广阔。

以极具代表性的产品之一——红酒为例。2009年，7-Eleven推出了自有红酒品牌"Yosemite Road"（750毫升），当时这款产品以日美共同合作的研发背景吸引了外界的广泛关注，至今仍是酒类的热销产品。

"Yosemite Road"红酒的原材料选用了加利福尼亚州中央谷（Central Valley）的葡萄，从培育葡萄到工厂内的品质管理，中间的所有环节都由我们进行了统一化管理。这款结合了日美两地7&I控股集团经营优势的高品质红酒，在日本的售价为980日元，在美国的标价则为3.99美金，既价格适中又品质优良，一经上市就好评如潮，计划今后将陆续推广至全中国。

　像这样，未来我们会继续在各国优质的原料上发挥日本的研发能力，创造出更多的新产品。结合全世界7-Eleven的力量，我们设想能把2015年全年的营业额提升至10万亿日元。而实现这一设想的关键就在于对产品品质的坚持与追求。

企业的实质和方针自当随时代改变，但我自身的性格却从未有过改变。正如序言所言，今后，我也将秉承勤恳和踏实的态度，继续指挥经营的航线。

这里，稍稍把话题岔开，聊一聊自创办7-Eleven的40年间以来我几乎都过得差不多的周末生活。

周末上午，我一般会驱车前往健身中心锻炼体能，中午回家的途中，则会顺路进入几家7-Eleven便利店，为家人和自己购买便当做午餐。这样做一来是为了观察店内的运营情况，二来也为了检验产品是否一如既往地保持高品质，这是我每周的例行功课。

研发团队提供给总部高层的试吃产品必然是经过精雕细琢的精心之作，但如果对呈现在消费者面前的产品有所怠慢的话，我在周末的抽查中也能及时发现并勒令品质不合格的产品下架。过去也确实发生过这样的例子。

从创业初期以来我一直坚持不放过任何细节的习惯。现在，我的职责依然是时刻监督"企业的方向是否偏离了正轨"，并指点员工把握良好的时机实行应对变化的最优策略。在企业规模日益庞大的过程中，视觉盲点也会随之增多，因此这并不是一个轻松的任务，但今后我将继续严阵以待，坚持我所应该做的事。

常有人形容我所秉承的经营态度"无法撼动"，称我为"稳健派"。诚然，认定一件事就会坚持到底、决不妥协的姿态或许让我在外人的眼中形成了这样的形象。实际上正如序言提到的一样，我对零售业并无太大兴趣，但当初却依然不顾众人的反对，毅然决然地选择了这条道路，这促使我不愿半途而废的意识变得比普通人更加强烈。

如果问正在读这本书的你"为什么选择了现在这份工作？"，我想很少有人的答案会是"因为我喜欢"或"这是我的天赋"吧。可能70%的人都对目前的工作抱有不满，但又因为是自己的选择，依然咬紧牙关努力做到最好。而这就是职场人士应有的态度，既然决定了，就一定要有坚持到底的信念。

当然在工作中，自我钻研、主动发起新的挑战也非常重要。因为机会稍纵即逝，当它出现在眼前时，一定要牢牢把握，不能轻易放过。

另外，人一旦有了成功的经历，马上会认定"这是关键点""这么做才能成功"等，沉浸于过去的经验中自我满足。这种惯性思维千万不可取。

关键点是常常变化的——如果这么想，就会理解工作应建立于积年累月的挑战，做判断时不会再受外界干扰，能够在今后的每一天时刻准备着迎接新的挑战！

7&I控股集团CEO 铃木敏文

附 录

7-Eleven历史沿革

1973年（昭和48年）	11月	"株式会社York Seven"成立。 与美国南方公司（即现在的7-Eleven, Inc.下同）签订"区域服务与特许经营协议"。
1974年（昭和49年）	5月	7-Eleven第1号店开业（东京都江东区·丰洲店）。
1975年（昭和50年）	6月	实行24小时营业（福岛县郡山市·虎丸店）。
1976年（昭和51年）	5月	门店总数突破百家。
	9月	对供应商采取集约化管理，开创共同配送。

1978年（昭和53年）	1月	公司更名为"7-Eleven・Japan有限公司"。
	8月	开始使用"7-Eleven终端机"订货。
1979年（昭和54年）	10月	在东证二部上市。
1980年（昭和55年）	11月	门店总数突破千家。
1981年（昭和56年）	8月	转板至东证一部（相当于从中小板块转至主板）。
1982年（昭和57年）	10月	引入POS系统。
	11月	开始利用EOB（Electronic Ordering Book，电子订货簿)订货。
1984年（昭和59年）	2月	门店总数突破2000家。
1985年（昭和60年）	5月	引进计算机图表信息分析系统。
	8月	引进双向POS收银机。
1987年（昭和62年）	3月	实行米饭统一配送，频率为每日3次。
	4月	门店总数突破3000家。
	10月	与东京电力合作，推出电费代收服务。
1988年（昭和63年）	3月	推出煤气费代收服务。

	11月	导入米饭20℃温度管理体制（从工厂-货运车-货柜）。
1989年（平成元年）	11月	推出预付卡服务。
	12月	承购美国南方公司的夏威夷事业分部。
1990年（平成2年）	6月	门店总数突破4000家。
	9月	导入第四代综合店铺信息系统。
1991年（平成3年）	3月	收购美国南方公司的股份，开始参与经营。
	4月	导入ISDN（综合数字通信网：NTT）。
1993年（平成5年）	2月	门店总数突破5000家。
	11月	成立"7-Eleven绿色基金"。
1994年（平成6年）	4月	开始在店内使用大型冰柜。
	10月	开始在店内使用敞开式冷藏柜。
1995年（平成7年）	5月	门店总数突破6000家。
	6月	推出虚拟购物费用代收服务（如邮购、电话购物、网络购物等）。
1996年（平成8年）	1月	在店内设置了新型货架。
	3月	导入气象信息系统。

	4月	推出国际电话卡。
1997年（平成9年）	6月	门店总数突破7000家。
	11月	基于卫星通信导入第五代店铺综合信息系统。
	12月	导入节电设备。
1998年（平成10年）	10月	推出定期订阅杂志的预订服务。
1999年（平成11年）	3月	开始售卖保健饮料。
	11月	门店总数突破8000家。 成立"E·Shopping·Books有限公司"（即现在的Seven Net Shopping Co., Ltd.） 推出网络通信费的代收服务。
2000年（平成12年）	2月	成立从事电子商务事业的"Seven Dream.com有限公司"，并于同年7月正式营业。
	8月	成立从事食品外送服务的"Seven Meal有限公司"，并于同年9月正式营业。
2001年（平成13年）	4月	与伊藤洋华堂共同出资成立"IY BANK银行有限公司"。

	5月	开始在7-Eleven店内安装IY BANK银行的ATM。
	8月	推出"不含任何防腐剂·人工色素"的独创快餐品牌。
2002年（平成14年）	2月	门店总数突破九千家。
	5月	开始在店内使用既可用于冷藏也可用于加热的立柜。
	11月	推出运用了多功能复印机的票务服务。
2003年（平成15年）	8月	门店总数突破一万家。
2004年（平成16年）	1月	成立合资公司"7-Eleven北京有限公司"。
	4月	在北京开设了第一家中国区域的7-Eleven便利店（北京市东城区·东直门店）。
	5月	开始推行无障碍型（Barrier Free）门店。
	11月	导入光纤通信技术。开始在店内安装附带数码照片打印功能的多功能复印机。
2005年（平成17年）	2月	对7-Eleven,Inc.实行子公司化。

2005年（平成17年）	6月	IY BANK银行在全国7-Eleven门店安装的ATM总数突破一万台。
	9月	7-Eleven的控股公司"7&I控股集团"正式成立，并在东证第一部上市。
	11月	完成对7-Eleven,Inc.的100%子公司化。门店总数突破一万一千家。
2006年（平成18年）	5月	与从事票务经营的e+(Eplus)合作，推出票务服务。正式导入第六代店铺综合信息系统。
2007年（平成19年）	3月	7-Eleven成为全球拥有最多门店数的连锁零售企业。
	4月	发行自创的预付式电子钱包"nanaco"。
	8月	发布并销售自有品牌"7-Premium"。
	10月	开始推出"柜台现烹食品"（油炸食品等）。
	12月	成立了将信息媒体与零售业相融合的"日TV Seven有限公司"。
2008年（平成20年）	2月	门店总数突破一万两千家。
	4月	成立"7-Eleven中国有限公司"。

	7月	开设711net.jp网站。
2009年（平成21年）	1月	成立"Seven Culture Network有限公司"。
	6月	尝试24小时销售非处方药。
	12月	推出7-Eleven网络购物。 与Pia有限公司（日本最大的票务经营公司）在业务与资本上达成合作的意向。
2010年（平成22年）	2月	开始运用多功能复印机推出发行"住民票复印件"和"印鉴登记证明"的服务（只限一部分地方政府）。
	3月	"7-Eleven绿色基金"作为"一般财团法人7-Eleven纪念财团"完成法人化。
	6月	增加了信用卡的结算方式。
2010年（平成22年）	12月	全世界的7-Eleven门店总数突破四万家。 "7-Eleven成都有限公司"成立。
2011年（平成23年）	3月	取得在日的"7-Eleven"商标权。

	5月	更新换代了自有产品的内容、商标和包装。 为了帮助不便外出购物的人，推出"Seven安心送货服务"的移动贩卖方式。 开始在各个门店采取节电措施，推进照明的LED化。
	7月	引进爱尔兰型号的冷冻柜。
2012年（平成24年）	1月	所有连锁店的营业总额突破3万亿日元。
	8月	运用超小型电动汽车推出"Seven轻松宅急送"。
2013年（平成25年）	1月	正式导入"SEVEN CAFE"。
	2月	门店总数突破一万五千家。

激发个人成长

多年以来，千千万万有经验的读者，都会定期查看熊猫君家的最新书目，挑选满足自己成长需求的新书。

读客图书以"激发个人成长"为使命，在以下三个方面为您精选优质图书：

1. 精神成长

熊猫君家精彩绝伦的小说文库和人文类图书，帮助你成为永远充满梦想、勇气和爱的人！

2. 知识结构成长

熊猫君家的历史类、社科类图书，帮助你了解从宇宙诞生、文明演变直至今日世界之形成的方方面面。

3. 工作技能成长

熊猫君家的经管类、家教类图书，指引你更好地工作、更有效率地生活，减少人生中的烦恼。

每一本读客图书都轻松好读，精彩绝伦，充满无穷阅读乐趣！

认准读客熊猫

读客所有图书，在书脊、腰封、封底和前后勒口都有"**读客熊猫**"标志。

两步帮你快速找到读客图书

1. 找读客熊猫

2. 找黑白格子

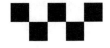

图书在版编目（CIP）数据

零售的哲学：7-Eleven便利店创始人自述 / (日) 铃木
敏文著；顾晓琳译. —— 南京：江苏凤凰文艺出版社，2014（2024.9重印）
ISBN 978-7-5399-7764-5

Ⅰ. ①零… Ⅱ. ①铃… ②顾… Ⅲ. ①零售商店 – 连
锁店 – 商业经营 – 经验 – 日本 Ⅳ. ①F733.134.2

中国版本图书馆CIP数据核字 (2014) 第227716号

KAWARU CHIKARA SEVEN-ELEVEN TEKI SHIKOHO by Suzuki Toshifumi
Copyright © 2013 Suzuki Toshifumi
All rights reserved.
Original Japanese edition published by Asahi Shimbun Publications Inc.
This Simplified Chinese language edition is published by arrangement with
Asahi Shimbun Publications inc. Tokyo in care of Tuttle-Mori Agency, Inc.,Tokyo
Through Beijing GW Culture Communications Co., Ltd., Beijing

中文版权 ©2014 读客文化股份有限公司
经授权，读客文化股份有限公司拥有本书的中文（简体）版权
图字：10-2014-388 号

零售的哲学 ：7-Eleven便利店创始人自述

［日］铃木敏文 著　　　顾晓琳 译

责任编辑	丁小卉	
特约编辑	孟　味　　姜一鸣	
装帧设计	读客文化　021-33608320	
责任印制	刘　巍	
出版发行	江苏凤凰文艺出版社	
	南京市中央路165号，邮编：210009	
网　　址	http://www.jswenyi.com	
印　　刷	三河市龙大印装有限公司	
开　　本	890 毫米 × 1270 毫米 1/32	
印　　张	7	
字　　数	120 千字	
版　　次	2014 年 11 月第 1 版	
印　　次	2024 年 9 月第 46 次印刷	
书　　号	ISBN 978-7-5399-7764-5	
定　　价	45.00 元	

江苏凤凰文艺版图书凡印刷、装订错误，可向出版社调换，联系电话：010-87681002。